Bewertung von Ressourcen

Klaus Hellwig, *2. 8. 1942, 1962 – 1968 Studium der Mathematik, Physik und Wirtschaftswissenschaften in Marburg und München, 1969 Diplom in Mathematik, 1970 – 1974 Wissenschaftlicher Mitarbeiter am Institut für Entscheidungstheorie und Unternehmensforschung der Universität Karlsruhe, 1972 Promotion zum Dr. rer. pol., 1974 – 1976 Habilitationsstipendiat der Deutschen Forschungsgemeinschaft, 1976 Habilitation mit venia legendi für Betriebswirtschaftslehre und Operations Research, 1977 apl. Professor, 1980 Professor für Unternehmensrechnung an der Universität Karlsruhe, 1981 Professor für Finanzierung an der Universität Bielefeld, seit 1984 Ordinarius für Betriebswirtschaft an der Universität Ulm.

Klaus Hellwig

Bewertung von Ressourcen

Mit 15 Abbildungen

Physica-Verlag Heidelberg

Professor Dr. Klaus Hellwig
Universität Ulm
Abteilung Betriebswirtschaft
Oberer Eselsberg
D-7900 Ulm

ISBN-13: 978-3-7908-0375-4 e-ISBN-13: 978-3-642-95880-9
DOI: 10.1007/ 978-3-642-95880-9

CIP-Kurztitelaufnahme der Deutschen Bibliothek

Hellwig, Klaus:
Bewertung von Ressourcen / Klaus Hellwig.
Heidelberg: Physica-Verlag, 1987.

7120/7130 - 543210

Vorwort

Wirtschaftliche Entscheidungen sind dadurch charakterisiert, daß bestimmte Ressourcen verbraucht und andere Ressourcen geschaffen werden. Die Entscheidungsfindung erfordert daher einen Vergleich des durch die Entscheidungen ausgelösten Werteverzehrs mit dem entsprechenden Wertezuwachs. In diesem Buch wird die Frage behandelt, inwieweit Preise bei dieser Bewertung zugrunde gelegt werden können.

Die zum Verständnis des Buches notwendigen mathematischen Voraussetzungen sind gering und werden überwiegend in den ersten Semestern der wirtschaftswissenschaftlichen Studiengänge vermittelt. Zum besseren Verständnis sind im Text eine Reihe von Beispielen enthalten. Die im Anschluß an jedes Kapitel aufgeführten Literaturangaben sind lediglich als Hinweise aufzufassen.

Für ihre Hilfe danke ich meinen Kollegen Klaus Spremann (Universität Ulm), Wolfgang Eichhorn (Universität Karlsruhe) und Werner Hildenbrand (Universität Bonn) sowie Helmut Funke-Lambertz, Diethelm Herrmann (beide Universität Ulm), Thomas Philipp (Universität Bonn) und Klaus Schilling (Dornier, Friedrichshafen). Danken möchte ich insbesondere auch meinen Mitarbeitern Gerlinde Stumpp und Heinz Exeler für mehrmaliges Korrekturlesen sowie die Auswahl und Anpassung des geeigneten Textverarbeitungssystems. Schließlich gilt mein besonderer Dank Frau Vera Haseloff, die mit viel Geduld das Manuskript erstellt hat.

Ulm, im April 1987 Klaus Hellwig

INHALT

Teil 2: Präferenzfreie Ressourcenbewertung

Einführung

Wirtschaftliche Entscheidungen sind Entscheidungen über die Beschaffung oder Verwendung von Ressourcen.

Basiert die Entscheidungsfindung auf einer gegebenen Zielfunktion und sind alle relevanten Daten bekannt, so kann eine optimale Entscheidung aus der Lösung eines Totalmodells abgeleitet werden, in dem alle bestehenden Interdependenzen explizit erfaßt worden sind.

Die Komplexität der ökonomischen Realität führt dabei vielfach zu umfangreichen, numerisch nur schwer zu lösenden Modellen. Demgegenüber ist man bei wirtschaftlichen Entscheidungen an möglichst einfach strukturierten Modellen interessiert, die bei Verzicht auf die explizite Berücksichtigung aller bestehenden Interdependenzen eine weitgehend isolierte Planung einzelner Aktivitäten ermöglichen.

Derartige Modelle ergeben sich, wenn man den durch einzelne Maßnahmen verursachten Ressourcenverzehr oder Ressourcenzuwachs mit Preisen bewertet und eine Entscheidung durch Optimierung der um den Werteverzehr bzw. -zuwachs korrigierten Zielfunktion ableitet. Da die Bewertung der Ressourcen damit auch von der jeweils zugrunde gelegten Zielfunktion abhängt, wird sie als präferenzabhängig bezeichnet.

Die präferenzabhängige Bewertung von Ressourcen ist Gegenstand des ersten Teils dieses Buches.

In Kapitel 1 werden die Grundlagen für die Analyse der in den beiden darauf folgenden Kapiteln behandelten Modellansätze entwickelt. Kapitel 2 und 3 befassen sich mit der Bewertungsproblematik bei lang- und kurzfristiger Planung. Dabei werden klassische Konzepte wie die Kapitalwertmethode, Angebots- und Nachfragefunktionen, Preisgrenzen oder die innerbetriebliche Leistungsverrechnung aus einem einheitlichen Ansatz abgeleitet und so methodische Gemeinsamkeiten vielfach getrennt behandelter Gebiete aufgedeckt.

Die Möglichkeit einer präferenzabhängigen Ressourcenbewertung scheitert oft am Fehlen einer geeigneten Zielfunktion, etwa weil eine Einigung der am Entscheidungsprozeß beteiligten Gruppen auf eine Zielfunktion nicht möglich ist, oder weil die Präferenzen der Betroffenen (beispielsweise die Interessen zukünftiger Generationen) nicht ermittelt werden können.

Orientiert sich die Bewertung von Ressourcen nicht an einer gegebenen Zielfunktion, so wird sie als präferenzfrei bezeichnet.

Die präferenzfreie Bewertung von Ressourcen ist Gegenstand des zweiten Teils dieses Buches.

Zur Lösung des Entscheidungsproblems wird in dem in Kapitel 4 formulierten Grundmodell angestrebt, den Entscheidungsraum durch geeignete Bedingungen derart zu reduzieren, daß letztlich nur eine Alternative verbleibt. Dabei wird insbesondere gefordert, daß eine erhöhte Produktivität in einer Periode eine Erhöhung des Konsums für diese Periode zur Folge hat. Es wird gezeigt, daß eine den Bedingungen genügende Lösung unter sehr allgemeinen Voraussetzungen existiert.

Kapitel 5 befaßt sich mit Anwendungen des Grundmodells auf die betriebliche Investitions- und Finanzierungsplanung, die Erschöpfung natürlicher Ressourcen sowie die Investitions- und Konsumplanung einer Volkswirtschaft. Dabei wird im Einzelfall eine Lösung konstruktiv ermittelt und deren Eindeutigkeit nachgewiesen.

Erster Teil

Präferenzabhängige Ressourcenbewertung

Kapitel 1

Grundmodell

Gegenstand dieses Kapitels ist die Formulierung und Analyse eines Modells, das die Grundlage für die in den nachfolgenden beiden Kapiteln behandelten Planungsmodelle bildet. Nach der Charakterisierung des Entscheidungsproblems wird das Vorgehen bei einer Entscheidungsfindung mittels präferenzabhängiger Ressourcenbewertung beschrieben und untersucht, inwieweit das Entscheidungsproblem durch eine derartige Bewertung gelöst werden kann. Für die Existenz einer geeigneten Bewertung werden hinreichende Bedingungen formuliert. Darüber hinaus werden Eigenschaften abgeleitet, die unter anderem zum Opportunitätskostenbegriff führen. Im letzten Abschnitt wird die Frage nach der Ermittlung von Näherungslösungen bei gegebener Ressourcenbewertung behandelt.

In diesem und den folgenden Kapiteln werden Vektoren und Matrizen durch Fettdruck hervorgehoben.

1.1 Das Entscheidungsproblem

Die von einer Wirtschaftseinheit (Haushalt, Unternehmung, Volkswirtschaft) kontrollierten Ressourcenbestände wie Rohstoffe, Maschinen, Boden oder Finanzmittel lassen sich durch eine Vielzahl von Beschaffungs- oder Verwendungsmaßnahmen beeinflussen. Beispiele für solche Maßnahmen sind die Festlegung der Produktionsmenge für ein Produkt, die Wahl einer Finanzierungs- oder Investitionsalternative, der Kauf eines Produktionsfaktors oder die Durchführung einer Werbemaßnahme. Ist bei m derartigen Maßnahmen x_j das Aktivitätsniveau von Maßnahme j, so kennzeichnet der Vektor $x^1 := (x_1,\dots,x_m)$ dann etwa das Produktions-, Investitions- oder Werbeprogramm.

Für intern genutzte Ressourcen besteht vielfach die Möglichkeit der isolierten Verwendung (z.B. die Veräußerung von Ressourcen). Bezeichnet x_{m+i} das Aktivitätsniveau der isolierten Verwendung von Ressource i bei n genutzten Ressourcen und $\tilde{g}_i(x^1)$ den durch x^1 verursachten Verbrauch von Ressource i (die Beschaffung der Ressource ist als negativer Verbrauch aufzufassen), so ergibt sich mit $x^2 := (x_{m+1},\dots,x_{m+n})$ als Gesamtverbrauch

$$g_i(x^1,x^2) = \tilde{g}_i(x^1) + x_{m+i} \qquad (i=1,\dots,n).$$

Bezeichnet b_i den von Ressource i (i=1,...,n) verfügbaren Bestand, so ist die Entscheidung so zu treffen, daß für jede Ressource der Ressourcenverbrauch mit dem Ressourcenbestand übereinstimmt. Mit

$$\mathbf{b} := (b_1,\dots,b_n),\ \mathbf{x} := (x^1,x^2),\ \mathbf{g}(\mathbf{x}) := (g_1(\mathbf{x}),\dots,g_n(\mathbf{x}))$$

ergibt sich damit die Bedingung

(1.1) $\mathbf{g}(\mathbf{x}) = \mathbf{b}$.

<u>Bemerkung</u>

Es genügt, $\mathbf{g}(\mathbf{x}) \le \mathbf{b}$ zu fordern.

Sind $\tilde{f}(x^1)$ und $f_i(x_{m+i})$ die Zielfunktionsbeiträge von x^1 bzw. x_{m+i}, so beträgt der mit x realisierte Zielfunktionsbeitrag

$$f(x) = \tilde{f}(x^1) + \sum_{i=1}^{n} f_i(x_{m+i}).$$

f(x) sei zu maximieren. Dabei gelte:

(1.2) Annahme

$$f_i(x_{m+i}) \geq 0 \text{ für } x_{m+i} \geq 0 \qquad (i=1,\dots,n).$$

Überschüssige Ressourcen können somit stets verlustfrei verwendet werden, wobei x_{m+i} im Falle $f_i(x_{m+i}) \equiv 0$ als Schlupfvariable zu interpretieren ist.

Neben Bedingung 1.1 sind im Einzelfall für **x** weitere Bedingungen wie Nichtnegativitätsbedingungen oder Obergrenzen für die jeweiligen Aktivitätsniveaus einzuhalten. X_1 und X_2 definieren die für x^1 bzw. x^2 zusätzlich zu beachtenden Restriktionen.

Die isolierte Verwendung der Ressourcen sei unbeschränkt möglich, d.h. es gelte:

(1.3) Annahme

$$X_2 = \{ \mathbf{x}^2 \mid \mathbf{x}^2 \geq \mathbf{0} \}.$$

Mit $X := \{ \mathbf{x} \mid \mathbf{x}^1 \in X_1, \mathbf{x}^2 \in X_2 \}$ lautet das Entscheidungsproblem:

(1.4) $\max\limits_{\mathbf{x} \in \mathbf{X}} \{ f(\mathbf{x}) \mid \mathbf{g}(\mathbf{x}) = \mathbf{b} \}.$

Bemerkungen

1. Im folgenden wird angenommen, daß 1.4 eine zulässige Lösung besitzt.
2. Die Existenz einer optimalen Lösung von 1.4 (d.h. eines Vektors $\bar{\mathbf{x}} \in X$ mit $\mathbf{g}(\bar{\mathbf{x}}) = \mathbf{b}$ und $f(\bar{\mathbf{x}}) \geq f(\mathbf{x})$ für alle $\mathbf{x} \in X$ mit $\mathbf{g}(\mathbf{x}) = \mathbf{b}$) ist auch dann nicht in jedem Fall gewährleistet, wenn 1.4 eine zulässige Lösung besitzt. Ein Beispiel hierfür

ist die Optimierungsaufgabe $\max_{x \in X} \{ x_1 \mid x_1 + x_2 = 1 \}$ mit $X = \{ x = (x_1, x_2) \mid 0 < x_1 < 1, x_2 \geq 0 \}$.

In derartigen Fällen ist im folgenden "max" durch "sup" (Supremum) zu ersetzen. Das Supremum einer auf einer Menge B definierten Funktion ist die kleinste obere Schranke von f(x) auf B. Supremum und Maximum stimmen etwa dann überein, wenn f(x) stetig und die Menge der zulässigen Lösungen kompakt ist (vgl. Definition 4.15.6).

1.2 Verrechnungspreise

Die Ermittlung einer optimalen Entscheidung für das im vorigen Abschnitt formulierte Entscheidungsproblem erfolgt bei präferenzabhängiger Ressourcenbewertung durch eine Korrektur der Zielfunktion um den mit Preisen bewerteten Ressourcenverbrauch bzw. -zuwachs. Ist $\mathbf{u} = (u_1,\ldots,u_n)$ ein gegebener Preisvektor, so ergibt sich die korrigierte Zielfunktion zu

(1.5) $\quad Kf(x,\mathbf{u}) := f(x) - \mathbf{g}(x)\mathbf{u}.$

Nach Verrechnung des Werteverzehrs bzw. -zuwachses wird das Maximum (bzw. gegebenenfalls das Supremum) von $Kf(x,\mathbf{u})$ ermittelt:

(1.6) $\quad K(\mathbf{u}) := \max_{\mathbf{x}\in\mathbf{X}} \{ Kf(x,\mathbf{u}) \}.$

Sind $f(x)$ und $\mathbf{g}(x)$ separabel, d.h. gilt

$$f(x) = \sum_{j=1}^{m} \tilde{f}_j(x_j) + \sum_{i=1}^{n} f_i(x_{m+i}),$$

$$\mathbf{g}(x) = \sum_{j=1}^{m} \mathbf{g}_j(x_j) + \mathbf{x}^2,$$

so folgt im Falle $X_1 = \{ \mathbf{x}^1 \mid \mathbf{0} \le \mathbf{x}^1 \le \mathbf{k} \}$:

$$K(\mathbf{u}) = \max_{\mathbf{x}\in\mathbf{X}} \{ \sum_{j=1}^{m} (\tilde{f}_j(x_j) - \mathbf{g}_j(x_j)\mathbf{u}) + \sum_{i=1}^{m} (f_i(x_{m+i}) - x_{m+i}u_i) \} =$$

$$= \sum_{j=1}^{m} \max_{0\le x_j\le k_j} \{ \tilde{f}_j(x_j) - \mathbf{g}_j(x_j)\mathbf{u} \} +$$

$$+ \sum_{i=1}^{n} \max_{x_{m+i}\ge 0} \{ f_i(x_{m+i}) - x_{m+i}u_i \}.$$

Unter den gegebenen Annahmen ist somit eine isolierte Entscheidung über die Aktivitäten möglich (Man beachte aber, daß selbst bei Kenntnis eines geeigneten Preisvektors nur solche Partialentscheidungen das Entscheidungsproblem lösen, die zu einem Ausgleich von Ressourcenangebot und -nachfrage führen. Vgl. hierzu Bedingung 1.13 sowie Satz 1.14.).

Offenbar sind nur Ressourcenbewertungen sinnvoll, für die K(u) endlich ist.

(1.7) Definition

Ist K(u) endlich, so heißt u_i **Verrechnungspreis** der Ressource i (i=1,...,n).

(1.8) Beispiel

$f(x) = 2x$, $g(x) = x$, $X = \{ x \mid 0 \leq x \}$.

Man erhält:

$$K(u) = \max_{x \in X} \{ Kf(x,u) \} = \max_{x \geq 0} \{ 2x - xu \}.$$

K(u) ist nur für $u \geq 2$ endlich. Als Verrechnungspreise kommen somit nur reelle Zahlen $u \geq 2$ in Frage.

Bezeichnet U die Menge der Verrechnungspreise, so gilt:

(1.9) Satz

K(u) ist eine konvexe Funktion auf U.

Beweis

Eine Menge U heißt konvex, wenn mit u^1, $u^2 \in U$, $0 \leq \alpha \leq 1$ gilt: $\alpha u^1 + (1-\alpha)u^2 \in U$ (Mit zwei Punkten liegt auch die Verbindungsstrecke vollständig in U.).

Eine auf einer konvexen Menge $U \subseteq R^n$ (R^n kennzeichnet den n-dimensionalen reellen Raum) definierte Funktion f heißt konvex, wenn für beliebige u^1, $u^2 \in U$ und $0 \leq \alpha \leq 1$ gilt:

$$f(\alpha u^1 + (1-\alpha)u^2) \leq \alpha f(u^1) + (1-\alpha)f(u^2).$$

Da $Kf(x,u)$ linear in u und das Maximum einer Summe nicht größer als die Summe der Maxima ist, gilt:

$$K(\alpha u^1 + (1-\alpha)u^2) = \max_{x\in X} \{ Kf(x,\alpha u^1 + (1-\alpha)u^2) \} =$$

$$= \max_{x\in X} \{ \alpha Kf(x,u^1) + (1-\alpha)Kf(x,u^2) \} \le$$

$$\le \alpha\cdot\max_{x\in X} \{ Kf(x,u^1) \} + (1-\alpha)\max_{x\in X} \{ Kf(x,u^2) \} =$$

$$= \alpha K(u^1) + (1-\alpha)K(u^2).$$

Bemerkung

Aus der obigen Abschätzung folgt auch die Konvexität von U (Aus $K(u^1)$, $K(u^2) < \infty$ folgt $K(\alpha u^1 + (1-\alpha)u^2) < \infty$.).

(1.10) Beispiel

$f(x) = x^2$, $g(x) = x$, $X = \{ x \mid 0 \le x \le 1 \}$.

Man erhält:

$$K(u) = \max_{0\le x\le 1} \{ x^2 - xu \} = \begin{cases} 1 - u & \text{für } 0 \le u \le 1 \\ 0 & \text{für } 1 < u \end{cases}$$

(1.11) Satz

Ist u_i Verrechnungspreis der Ressource i, so gilt:

1. $u_i \ge 0$.
2. $f_i(x_{m+i}) \equiv 0 \Rightarrow \bar{x}_{m+i}u_i = 0$

   für jede Optimallösung $\bar{x}_{m+i}$ von 1.6.

Beweis

$\bar{x}_{m+i}$ ist optimale Lösung von $\max_{x_{m+i}\ge 0} \{ f_i(x_{m+i}) - x_{m+i}u_i \}$.

Wegen $f_i(x_{m+i}) \ge 0$ ist der optimale Zielfunktionswert nur für $u_i \ge 0$ endlich.

Im Falle $f_i(x_{m+i}) \equiv 0$ ist $\bar{x}_{m+i}$ optimale Lösung von

$$\max_{x_{m+i} \geq 0} \{ -x_{m+i}u_i \}.$$

Wegen $u_i \geq 0$ folgt $\bar{x}_{m+i}u_i = 0$.

Bemerkung

Ist $f_i(x_{m+i})$ streng monoton wachsend, so gilt $u_i > 0$ für jeden Verrechnungspreis u_i der Ressource i.

(1.12) Satz

Ist $\mathbf{u}$ ein Verrechnungspreisvektor und $\bar{x}$ optimale Lösung von 1.4, so gilt:

$$K(u) + \mathbf{bu} \geq f(\bar{x}).$$

Beweis

Wegen $\mathbf{g}(\bar{x}) = \mathbf{b}$ folgt aus 1.6:

$$K(u) + \mathbf{bu} \geq f(\bar{x}) - \mathbf{g}(\bar{x})\mathbf{u} + \mathbf{bu} = f(\bar{x}).$$

Damit die präferenzabhängige Ressourcenbewertung zu einer Lösung des Entscheidungsproblems 1.4 führt, ist die folgende Bedingung eine notwendige Voraussetzung.

(1.13) 1.6 besitzt eine optimale Lösung $\bar{x} = \bar{x}(u)$ mit $\mathbf{g}(\bar{x}) = \mathbf{b}$.

Bemerkung

Besitzt 1.6 für einen Verrechnungspreisvektor mehrere optimale Lösungen, so ist $\bar{x}(u)$ eine mengenwertige Abbildung (Korrespondenz). Bei einer mengenwertigen Abbildung wird jedem Element einer Menge A eine nichtleere Teilmenge einer Menge B zugeordnet (vgl. Definition 4.16). Funktionen sind Spezialfälle mengenwertiger Abbildungen.

Ist 1.13 erfüllt, so stimmen Ressourcenangebot und -nachfrage für $\bar{x}(u)$ überein. $\bar{x}(u)$ ist damit eine zulässige Lösung. Es gilt sogar:

(1.14) <u>Satz</u>

Erfüllt $\bar{x}(u)$ 1.13, d.h. gilt $\mathbf{g}(\bar{x}) = \mathbf{b}$, so ist $\bar{x}$ optimale Lösung von 1.4 und damit eine optimale Lösung des Entscheidungsproblems.

<u>Beweis</u>

Da $\bar{x}$ optimale Lösung von 1.6 ist, gilt für alle $x \in X$:
$f(\bar{x}) - \mathbf{g}(\bar{x})\mathbf{u} \geq f(x) - \mathbf{g}(x)\mathbf{u}$ bzw.
$f(\bar{x}) \geq f(x) + (\mathbf{g}(\bar{x}) - \mathbf{g}(x))\mathbf{u} = f(x) + (\mathbf{b} - \mathbf{g}(x))\mathbf{u}$.
Hieraus folgt $f(\bar{x}) \geq f(x)$ für alle $x \in X$ mit $\mathbf{g}(x) = \mathbf{b}$.

(1.15) <u>Definition</u>

Erfüllt $\bar{x}(u)$ 1.13, so heißt u_i **endogener Verrechnungspreis** der Ressource i.

(1.16) <u>Satz</u>

$\bar{x}$ sei eine optimale Lösung von 1.4. $\mathbf{u}$ ist genau dann endogener Verrechnungspreisvektor, wenn gilt:
$f(\bar{x}) = K(u) + \mathbf{bu}$.

<u>Beweis</u>

1. $\mathbf{u}$ sei ein endogener Verrechnungspreisvektor und
   $\hat{x} = \hat{x}(u)$ optimale Lösung von 1.6 mit $\mathbf{g}(\hat{x}) = \mathbf{b}$.
   Dann gilt: $K(u) + \mathbf{bu} = Kf(\hat{x},u) + \mathbf{bu} =$
   $= f(\hat{x}) - \mathbf{g}(\hat{x})\mathbf{u} + \mathbf{bu} = f(\hat{x}) + (\mathbf{b} - \mathbf{g}(\hat{x}))\mathbf{u} = f(\hat{x}) = f(\bar{x})$.

2. Es sei $\mathbf{u}$ ein Verrechnungspreisvektor mit
   $f(\bar{x}) = K(u) + \mathbf{bu}$. Dann gilt:
   $f(\bar{x}) = K(u) + \mathbf{bu} \geq f(\bar{x}) - \mathbf{g}(\bar{x})\mathbf{u} + \mathbf{bu} = f(\bar{x})$.

   Damit ist $\bar{x}(u)$ optimale Lösung von 1.6 und $\mathbf{u}$ endogener Verrechnungspreisvektor.

Nach den Sätzen 1.12 und 1.16 erhält man jeden endogenen Verrechnungspreisvektor als optimale Lösung der Optimierungsaufgabe

(1.17) $\min_{\mathbf{u} \in U} \{ K(u) + \mathbf{bu} \}$.

K(u) ist nach Satz 1.9 konvex. Da die Summe konvexer Funktionen konvex ist (bu ist linear und damit konvex), ist 1.17 eine konvexe Optimierungsaufgabe (Dies gilt auch dann, wenn 1.4 keine konvexe Optimierungsaufgabe ist.).

Existieren endogene Verrechnungspreise, so erhält man eine Lösung des Entscheidungsproblems, indem man zunächst eine optimale Lösung $\bar{u}$ von 1.17 und anschließend eine optimale Lösung $\bar{x}(\bar{u})$ von 1.6 mit $g(\bar{x}) = b$ ermittelt.

(1.18) Beispiel

$f(x) = 8x,\ g(x) = x^2,\ X = \{ x \mid 0 \le x \le 2 \},\ b = 2$ bzw. 4

Man erhält:

$$K(u) = \max_{0 \le x \le 2} \{ Kf(x,u) = 8x - x^2u \} = \begin{cases} 16 - 4u & \text{für } 0 \le u \le 2 \\ \dfrac{16}{u} & \text{für } 2 \le u \end{cases}$$

Für b = 2 ergibt sich:

$$\min_{0 \le u} \{ K(u) + 2u \} = \min_{0 \le u} \begin{cases} 16 - 2u & \text{für } 0 \le u \le 2 \\ \dfrac{16}{u} + 2u & \text{für } 2 \le u \end{cases}$$

Als Optimallösung ergibt sich $\bar{u} = \sqrt{8}$. Hieraus erhält man die Optimierungsaufgabe

$$\max_{0 \le x \le 2} \{ 8x - \sqrt{8}x^2 \}$$

mit der optimalen Lösung $\bar{x} = 2$.

Für b = 4 ergibt sich:

$$\min_{0 \le u} \{ K(u) + 4u \} = \min_{0 \le u} \begin{cases} 16 & \text{für } 0 \le u \le 2 \\ \dfrac{16}{u} + 4u & \text{für } 2 \le u \end{cases}$$

Die Menge der Optimallösungen ist $\{ u \mid 0 \le u \le 2 \}$. Für jede dieser Lösungen folgt: $\bar{x} = \bar{x}(u) = 2$.

Ist 1.4 eine lineare Optimierungsaufgabe mit $X = \{ x \mid x \geq \mathbf{0} \}$ sowie

$$f(x) = \sum_{j=1}^{m} c_j x_j, \qquad g_i(x) = \sum_{j=1}^{m} d_{ij} x_j + x_{m+i} \qquad (i=1,\dots,n),$$

so ist 1.6 gleichbedeutend mit

$$\textbf{(1.19)} \quad \max_{x_j \geq 0} \{ (c_j - \sum_{i=1}^{n} d_{ij} u_i) x_j \} \qquad (j=1,\dots,m),$$

$$\textbf{(1.20)} \quad \max_{x_{m+i} \geq 0} \{ -x_{m+i} u_i \} \qquad (i=1,\dots,n).$$

1.19 besitzt nur dann eine endliche Optimallösung, wenn gilt:

$$\textbf{(1.21)} \quad \sum_{i=1}^{n} d_{ij} u_i \geq c_j \qquad (j=1,\dots,m).$$

1.20 besitzt nur dann eine endliche Optimallösung, wenn gilt:

$$\textbf{(1.22)} \quad u_i \geq 0 \qquad (i=1,\dots,n).$$

Die maximalen Zielfunktionswerte von 1.19 und 1.20 sind Null. Hieraus folgt für jeden Verrechnungspreisvektor $\mathbf{u}$ und damit für jede zulässige Lösung von 1.21 und 1.22 $K(\mathbf{u}) = 0$ sowie nach Satz 1.12 $\mathbf{bu} \geq f(\bar{\mathbf{x}})$ für jede optimale Lösung $\bar{\mathbf{x}}$ des (im vorliegenden Fall linearen) Entscheidungsproblems 1.4.

Ist $\bar{\mathbf{u}}$ endogener Verrechnungspreisvektor, so gilt nach Satz 1.16 $\mathbf{b}\bar{\mathbf{u}} = f(\bar{\mathbf{x}})$. $\bar{\mathbf{u}}$ ist damit optimale Lösung von

$$\textbf{(1.23)} \quad \min \{ \mathbf{bu} \mid (1.21), (1.22) \}.$$

Satz 1.16 führt somit im linearen Fall auf den aus der Theorie der Linearen Optimierung bekannten Satz, wonach die Zielfunktionswerte zueinander dualer linearer Optimierungsaufgaben im Optimum übereinstimmen, sofern beide zulässige Lösungen besitzen.

Da $\bar{x}$ optimale Lösung von 1.19 und 1.20 sowie $\bar{u}$ endogener Verrechnungspreisvektor ist, folgt weiter (vgl. auch Satz 1.11):

(1.24) $\bar{x}_j(c_j - \sum_{i=1}^{n} d_{ij}\bar{u}_i) = 0 \qquad (j=1,\dots,m),$

(1.25) $\bar{x}_{m+i}\bar{u}_i = 0 \qquad (i=1,\dots,n).$

1.24 und 1.25 entsprechen dem Satz vom komplementären Schlupf aus der Theorie der Linearen Optimierung.

Für eine Ressource können mehrere endogene Verrechnungspreise existieren. Ist U_e die Menge der endogenen Verrechnungspreisvektoren, so gilt:

(1.26) Satz

U_e ist konvex.

Beweis

$\bar{x}$ sei eine optimale Lösung von 1.4 und 1.6.

Für $u^1, u^2 \in U_e$ und $0 \le \alpha \le 1$ gilt dann für alle $x \in X$:

$\alpha(f(\bar{x}) - g(\bar{x})u^1) \ge \alpha(f(x) - g(x)u^1),$

$(1-\alpha)(f(\bar{x}) - g(\bar{x})u^2) \ge (1-\alpha)(f(x) - g(x)u^2).$

Nach Addition der beiden Ungleichungen ergibt sich:

$f(\bar{x}) - g(\bar{x})(\alpha u^1 + (1-\alpha)u^2) \ge$

$\ge f(x) - g(x)(\alpha u^1 + (1-\alpha)u^2).$

und damit $\alpha u^1 + (1-\alpha)u^2 \in U_e$.

Ändert man den Bestand einer Ressource, so liegt es nahe, die hieraus resultierende Änderung des maximal erreichbaren Zielfunktionswertes durch die mit dem zugehörigen endogenen Verrechnungspreis bewertete betragsmäßige Bestandsänderung abzuschätzen. Es gilt:

(1.27) Satz

Seien $\bar{x}$, $\hat{x}$ zwei mit den Verrechnungspreisvektoren $\bar{u}$ bzw. $\hat{u}$ abgeleitete optimale Lösungen von 1.6. 1.13 sei für $\bar{x}$ und $\hat{x}$ mit den Bestandsvektoren $\bar{b}$ bzw. $\hat{b}$ erfüllt. Dann gilt:

$$(\bar{b} - \hat{b})\bar{u} \leq f(\bar{x}) - f(\hat{x}) \leq (\bar{b} - \hat{b})\hat{u}.$$

Beweis

Es gilt:

$$f(\bar{x}) \geq f(\hat{x}) + (g(\bar{x}) - g(\hat{x}))\bar{u} = f(\hat{x}) + (\bar{b} - \hat{b})\bar{u}$$
$$\Rightarrow f(\bar{x}) - f(\hat{x}) \geq (\bar{b} - \hat{b})\bar{u}.$$

Entsprechend gilt:

$$f(\hat{x}) \geq f(\bar{x}) + (g(\hat{x}) - g(\bar{x}))\hat{u} = f(\bar{x}) + (\hat{b} - \bar{b})\hat{u}$$

$$\Rightarrow f(\bar{x}) - f(\hat{x}) \leq (\bar{b} - \hat{b})\hat{u}.$$

Gilt insbesondere $\bar{b}_i = \hat{b}_i$ $(i \neq j)$, $\bar{b}_j > \hat{b}_j$, so erhält man:

$$\bar{u}_j \leq \frac{f(\bar{x}) - f(\hat{x})}{\bar{b}_j - \hat{b}_j} \leq \hat{u}_j.$$

Ist der optimale Zielfunktionswert als Funktion von b_j differenzierbar, so folgt hieraus:

(1.28) $$\frac{df(\bar{x})}{db_j} = u_j.$$

Der endogene Verrechnungspreis stimmt in diesem Fall mit den Opportunitätskosten der Ressource überein und stellt die Preisobergrenze für die Beschaffung der Ressource dar.

Aus der Theorie der Mathematischen Optimierung sind eine Reihe von Aussagen über die Existenz endogener Verrechnungspreise bekannt (vgl. etwa Mangasarian 1969). Der folgende Satz basiert auf im Einzelfall relativ einfach zu überprüfenden Voraussetzungen (zum Beweis des Satzes vgl. Nikaido 1968, S.52).

(1.29) Satz

Unter den folgenden Voraussetzungen existieren endogene Verrechnungspreise:

a) X ist eine konvexe Menge,

b) **g**(x) ist eine komponentweise konvexe Funktion,

c) f(x) ist eine konkave Funktion,

d) Es existiert eine Lösung $\hat{x} \in X$ mit $\mathbf{g}(\hat{x}) = \mathbf{b}$ und $\hat{x}^2 > \mathbf{0}$.

Bemerkungen

1. Eine Funktion f(x) heißt konkav, wenn -f(x) konvex ist.

2. Ist **g**(x) komponentweise linear, so kann d) ersetzt werden durch
   d') Es existiert eine Lösung $\hat{x} \in X$ mit $\mathbf{g}(\hat{x}) = \mathbf{b}$.

3. Voraussetzung d) wird als constraint qualification bezeichnet. Bzgl. alternativer constraint qualifications vgl. Mangasarian 1969.

4. Statt der Konvexititüt von **g**(x) sowie der Konkavität von f(x) genügt es, wenn die Stetigkeit dieser Funktionen vorausgesetzt wird.

5. Eine constraint qualification ist entbehrlich, sofern eine (beliebig kleine) Variation des Restriktionenvektors **b** zugelassen wird (Garcia/Zangwill 1981, S.439f.).

1.3 Näherungslösungen

Will man Entscheidungsprobleme durch eine präferenzabhängige Bewertung der Ressourcen lösen, so ergibt sich in vielen Fällen die Schwierigkeit, daß endogene Verechnungspreise nicht existieren oder nur mit erheblichem Aufwand ermittelt werden können.

Andererseits gibt es vielfach Marktpreise für intern genutzte Ressourcen, oder es liegt eine Bewertung der Ressourcen aus ähnlich gelagerten Entscheidungsproblemen vor. Es stellt sich dann die Frage, inwieweit die Kenntnis einer derartigen Bewertung zur Lösung des Entscheidungsproblems ausgenutzt werden kann.

Ist $\hat{u} = (\hat{u}_1,\ldots,\hat{u}_n)$ eine Schätzung der Verrechnungspreise und $\hat{x} = x(\hat{u})$ optimale Lösung von 1.6, so ist $\hat{x}$ nach Satz 1.14 optimale Lösung von 1.4 und $\hat{u}$ endogener Verrechnungspreisvektor, sofern die Bedingung 1.13 erfüllt ist.

Ist die Bedingung 1.13 dagegen für $\hat{x}$ nicht erfüllt, so ist $\hat{x}$ nicht zulässig. Nach Vornahme einer Korrektur ergebe sich die zulässige Lösung x^*. Ist $\bar{x}$ Optimallösung von 1.4, so gilt:

(1.30) <u>Satz</u>

$$f(\bar{x}) - f(x^*) \le Kf(\hat{x},\hat{u}) - Kf(x^*,\hat{u}).$$

<u>Beweis</u>

$\hat{x}$ ist optimale Lösung von 1.6 für $u = \hat{u}$. Somit gilt:

$$f(\hat{x}) - g(\hat{x})\hat{u} \ge f(\bar{x}) - g(\bar{x})\hat{u} \quad \text{d.h.}$$

$$f(\bar{x}) - f(x^*) \le g(\bar{x})\hat{u} + f(\hat{x}) - g(\hat{x})\hat{u} - f(x^*).$$

Wegen $g(\bar{x})\hat{u} = g(x^*)\hat{u}$ folgt hieraus die Behauptung.

Satz 1.30 gilt auch dann, wenn keine endogenen Verrechnungspreise existieren. Dies ist unter Umständen dann der Fall, wenn für einige der Variablen Ganzzahligkeitsbedingungen bestehen. Ermittelt man zunächst unter Vernachlässigung der Ganzzahligkeitsbedingungen eine optimale Lösung $\bar{x}$ und einen endogenen Verrechnungspreisvektor $\bar{u}$, so sind in der Regel für einen Teil der Optimalwerte die Ganzzahligkeitsbedingungen verletzt. Ist $\hat{x}$ eine zulässige, die Ganzzahligkeitsbedingungen erfüllende Lösung, so gilt:

(1.31) <u>Satz</u>

$$f(\bar{x}) - f(\hat{x}) = Kf(\bar{x},\bar{u}) - Kf(\hat{x},\bar{u}).$$

<u>Beweis</u>

Es gilt:

$$f(\bar{x}) - f(\hat{x}) = f(\bar{x}) - g(\bar{x})\bar{u} - f(\hat{x}) + g(\bar{x})\bar{u}.$$

Wegen $g(\bar{x}) = g(\hat{x})$ folgt die Behauptung.

Literatur

Eichhorn, W. und Oettli, W.: Parameterabhängige Optimierung und die Geometrie des Prinzips von Le Châtelier-Samuelson. Zeitschrift für Operations Research 16 (1972), 233 - 244.

Evans, J.P. und Gould, F.J.: A Nonlinear Duality Theorem without Convexity. Econometrica 40 (1972), 487-496.

Everett, H.: Generalized Lagrange Multiplier Method for Solving Problems of Optimum Allocation of Resources. Operations Research 11 (1963), 399 - 471.

Garcia, C.B. und Zangwill, W.I.: Pathways to Solutions, Fixed Points, and Equilibria. Englewood Cliffs 1981.

Geoffrion, A.M.: Duality in Nonlinear Programming: A Simplified Applications-Oriented Development. SIAM Review 13 (1971), 1 - 37.

Mangasarian, O.L.: Nonlinear Programming. New York 1969.

Nikaido, H.: Convex Structures and Economic Theory. New York 1968.

Kapitel 2

Ressourcenbewertung bei langfristiger Planung

Vielfach wird die Befriedigung von Konsumbedürfnissen als primäres Ziel wirtschaftlicher Tätigkeit angesehen. Folgt man dieser Auffassung, so stellt sich die Frage nach der Höhe und der zeitlichen Verteilung des für eine Wirtschaftseinheit realisierbaren Konsums.

In diesem Kapitel wird die langfristige Planung von Wirtschaftseinheiten bei gegebener Wohlstands- oder Konsumnutzenfunktion behandelt. In Abschnitt 2.1 wird das Entscheidungsproblem formuliert und eine präferenzabhängige Bewertung der langfristig nutzbaren Ressourcen entsprechend dem in Kapitel 1 behandelten Grundmodell vorgenommen.

Im Modell werden neben Investitions- auch Finanzierungsmaßnahmen berücksichtigt, wobei Investitionsmaßnahmen c.p. gegenwärtigen und Finanzierungsmaßnahmen c.p. zukünftigen Konsumverzicht beinhalten. Es zeigt sich, daß zwischen der Bewertung von Investitions- und Finanzierungsmaßnahmen mit Verrechnungspreisen und der Bewertung dieser Maßnahmen mit Zinsfüßen ein enger Zusammenhang besteht, der die Lösung des Entscheidungsproblems mit der klassischen Kapitalwertmethode ermöglicht.

Nimmt der Nutzen mit der Höhe des Konsums zu, so kann man sich auf solche Maßnahmen beschränken, für die eine Erhöhung des Konsums in einem Zeitpunkt einen Konsumverzicht in einem anderen Zeitpunkt zur Folge hat. Derartige Konsumpläne werden als effizient bezeichnet. In Abschnitt 2.2 wird gezeigt, daß unter sehr allgemeinen Voraussetzungen alle effizienten Konsumpläne durch eine präferenzorientierte Ressourcenbewertung abgeleitet werden können.

Die zur internen Bewertung von Ressourcen verwandten Zinsfüße sind von Marktzinsen zu unterscheiden, die sich aus den Interaktionen verschiedener Wirtschaftseinheiten auf den Geld- und Kapitalmärkten ergeben. Mögliche Beziehungen zwischen den intern verwandten und extern gezahlten Zinsen werden in Abschnitt 2.3 behandelt.

Die Wahl intern verwandter Zinsfüße hängt auch von der für die Entscheidungsfindung zugrunde gelegten Konsumpräferenz ab. Die Analyse dieses Zusammenhanges erfolgt in Abschnitt 2.4.

In Abschnitt 2.5 wird der Fall behandelt, daß die Planung nur für eine Periode durchgeführt wird. Es wird gezeigt, wie eine Lösung mit Hilfe der Kapitalangebots- und -nachfragefunktion ermittelt werden kann. Darüber hinaus werden Beziehungen zur internen Zinsfußmethode aufgezeigt.

Mehrperiodige Planungsprobleme können unter Umständen auf einperiodige Planungsprobleme zurückgeführt werden. In Abschnitt 2.6 werden Fälle behandelt, in denen dies möglich ist.

Schließlich wird in Abschnitt 2.7 untersucht, inwieweit das Entscheidungsproblem durch Anwendung der Kapitalwertmethode bei gegebenen Zinsfüßen näherungsweise gelöst werden kann, wobei auch die Unteilbarkeit langfristig nutzbarer Produktionsfaktoren berücksichtigt wird.

2.1 Grundmodell

In einer Wirtschaftseinheit soll zum Zeitpunkt $t = 0$ für einen Planungszeitraum von T Perioden über m Investitions- und Finanzierungsmaßnahmen entschieden werden. Dem Entscheidungsproblem liegen die folgenden Annahmen zugrunde:

(2.1) <u>Annahmen</u>

1. Zielfunktion ist eine komponentweise streng monoton wachsende Konsumnutzen- bzw. Wohlfahrtsfunktion

   $U(\mathbf{c}) = U(c_1,\ldots,c_T)$.

   Dabei ist c_t die im Zeitpunkt t vorgenommene Konsumauszahlung $(t=1,\ldots,T)$.

2. Der Konsumvektor $\mathbf{c}$ ergibt sich durch das Investitions- und Finanzierungsprogramm $\mathbf{x} := (x_1,\ldots,x_m)$:

   $\mathbf{c}^0 = \mathbf{e}(\mathbf{x}) + \mathbf{b} \quad \text{mit} \quad \mathbf{c}^0 := (0,\mathbf{c})$.

   Dabei kennzeichnet x_j das Aktivitätsniveau von Investitions- oder Finanzierungsmaßnahme j.

   $\mathbf{e}(\mathbf{x}) := (e_0(\mathbf{x}),\ldots,e_T(\mathbf{x}))$ ist eine vektorwertige Funktion, deren Komponenten die durch das Investitions- und Finanzierungsprogramm $\mathbf{x}$ in den Zeitpunkten $t=0,\ldots,T$ erzielten Einzahlungsüberschüsse kennzeichnen.

   Die Komponenten des Vektors $\mathbf{b} := (b_0,\ldots,b_T)$ beinhalten die (u.U. negativen) Einzahlungsüberschüsse, die unabhängig von der Entscheidung über das Investitions- und Finanzierungsprogramm zu berücksichtigen sind.

3. Für die Investitions- und Finanzierungsmaßnahmen sind neben Nichtnegativitätsbedingungen Obergrenzen einzuhalten:

   $\mathbf{x} \in X := \{\, \mathbf{x} \mid \mathbf{0} \le \mathbf{x} \le \mathbf{k} \,\}$.

4. Es sind nur nichtnegative Konsumpläne zulässig:

   $c \in C := \{ c \mid c \geq \mathbf{0} \}$.

5. In t (t=0,...,T-1) können in beliebiger Höhe Finanzmittel zum Zins $r \geq 0$ ($r = 0$ bedeutet Kassenhaltung) mit einperiodiger Laufzeit angelegt werden.

6. Die Zahlungen aller Investitions- und Finanzierungsmaßnahmen gehen nicht über T hinaus.

Nach Annahme 1 wächst der Konsumnutzen mit der Höhe der Konsumauszahlungen, die erstmals am Ende der ersten Periode (also zum Zeitpunkt $t = 1$) vorgenommen werden können.

Die Realisation eines Konsumvektors **c** (im folgenden wird **c** auch als Konsumplan bezeichnet) bedeutet nicht, daß alle Konsumauszahlungen unmittelbar für Konsumzwecke verwandt werden. Handelt es sich beispielsweise bei **c** um die Dividendenzahlungen einer Aktiengesellschaft, so werden die Aktionäre in der Regel nur einen Teil dieser Zahlungen konsumieren und den Rest investieren.

Annahme 2 schließt den Fall ein, daß die von einer Maßnahme verursachten Einzahlungsüberschüsse progressiv oder degressiv mit dem Aktivitätsniveau der Maßnahme zunehmen. Für Realinvestitionen können sich Progressionseffekte etwa dann ergeben, wenn mit steigendem Investitionsbetrag eine bessere Nutzung der investierten Mittel möglich wird. Dagegen können externe Effekte (z.B. zunehmende Kosten durch vermehrte Umweltbelastung) oder Nachfrageeinbrüche bei steigendem Angebot dazu führen, daß die Einzahlungsüberschüsse nur degressiv mit dem Investitionsbetrag zunehmen oder sogar abnehmen. Entsprechend kann die zunehmende Inanspruchnahme einer Fremdfinanzierungsmaßnahme sowohl zu einer Steigerung als auch zu einer Reduzierung des Fremdkapitalzinses führen. So werden die Konditionen bei Hypothekenbanken vielfach günstiger, wenn der in Anspruch genommene Betrag eine bestimmte Höhe übersteigt. Andererseits können Risikoaspekte dazu führen, daß der zu zahlende Fremdkapitalzins mit der Höhe des in Anspruch genommenen Fremdkapitals zunimmt.

Durch Annahme 5 wird insbesondere sichergestellt, daß alle in $t = 0$ verfügbaren Finanzmittel investiert werden können.

Annahme 6 läßt sich dadurch abschwächen, daß nach T anfallende Zahlungen auf T bezogen werden (vgl. hierzu etwa Hax 1985, S.91ff.).

In volkswirtschaftlichen Modellen wird der jährliche Konsum einer Volkswirtschaft nicht als Zahlungsmittelabfluß, sondern als Differenz zwischen dem Bruttosozialprodukt und der Bruttoinvestition ermittelt und die Verbindung zwischen den Perioden durch Produktionsfunktionen hergestellt. Das Grundmodell entspricht dann einem Wachstumsmodell mit diskreter Zeit und endlichem Planungshorizont (vgl. auch Abschnitt 5.3).

Handelt es sich bei der Wirtschaftseinheit um ein Unternehmen, so ist c_t üblicherweise die Entnahme der Eigentümer bzw. die Ausschüttung an die Eigenkapitalgeber zum Zeitpunkt t.

Handelt es sich bei der Wirtschaftseinheit um einen Haushalt, so ist c_t der in t konsumierte Teil des Haushaltseinkommens.

Unter den obigen Annahmen lautet das Entscheidungsproblem:

$$(2.2) \qquad \max_{\mathbf{x}\varepsilon \mathbf{X},\, \mathbf{c}\varepsilon \mathbf{C}} \{ U(c) \mid c^0 = e(x) + b \}.$$

Ersetzt man in 2.2 $c^0 = e(x) + b$ durch $-e(x) + c^0 + y = b$ mit $y := (y_0,...,y_T) \geq 0$, so entspricht $U(c)$ der Funktion $f(x)$ und $-e(x) + c^0 + y$ der Funktion $g(x)$ des in Kapitel 1 behandelten Grundmodells.

In Satz 2.6 wird gezeigt, daß nur positive Verrechnungspreise für die Lösung des Entscheidungsproblems in Frage kommen. Nach Satz 1.11 kann daher auf die isolierten Verwendungsmöglichkeiten verzichtet werden ($y \equiv 0$).

Die um den mit dem Verrechnungspreisvektor $\mathbf{u} := (u_0,...,u_T)$ korrigierte Zielfunktion ergibt sich zu

$Kf(x,c,u) = U(c) - (-e(x) + c^0)u = U(c) - c^0u + e(x)u.$

$\max_{x \varepsilon X, c \varepsilon C} \{ Kf(x,c,u) \}$ zerfällt damit in die beiden Optimierungsaufgaben

(2.3) $KW(u) := \max_{c \varepsilon C} \{ U(c) - c^0u \}$ und

(2.4) $PW(u) := \max_{x \varepsilon X} \{ e(x)u \}.$

(2.5) Definitionen

1. KW(u) heißt **Konsumwert**.

2. PW(u) heißt **Projektwert**.

Bemerkung

PW(u) ist im Gegensatz zu KW(u) homogen, d.h. für $\mu > 0$ gilt: $PW(\mu u) = \mu PW(u)$.

(2.6) Satz

Für jeden Verrechnungspreisvektor gilt: $u > 0$.

Beweis

Da U(c) komponentweise streng monoton wachsend ist (Annahme 2.1.1), besitzt 2.3 nur für $u_t > 0$ $(t=1,\ldots,T)$ ein endliches Optimum. Nach Annahme 2.1.5 enthält 2.4 die Optimierungsaufgabe

$$\max_{x_0 \geq 0} \{ -x_0u_0 + (1 + r)x_0u_1 \}$$

(x_0 ist der in $t = 0$ zum Zins r investierte Betrag), die nur für $-u_0 + (1 + r)u_1 \leq 0$ ein endliches Optimum besitzt. Wegen $u_1 > 0$ folgt hieraus $u_0 > 0$.

Ist u ein Verrechnungspreisvektor, so ist $q_t := u_t/u_0$ der auf $t = 0$ bezogene Wert einer Geldeinheit zum Zeitpunkt t. Damit kann $q := (1,q_1,\ldots,q_T)$ als Vektor von Abzinsungsfaktoren aufgefaßt werden.

(2.7) Definitionen

$\bar{x}$ sei optimale Lösung von $K(q) := \max_{x \in X} \{ e(x)q \}$.

1. $K(q)$ heißt **Kapitalwert** und $\bar{x}$ **kapitalwertmaximale Lösung**.

2. Ist u Verrechnungspreisvektor, so heißt

$$r_t := \frac{u_{t-1}}{u_t} - 1 = \frac{q_{t-1}}{q_t} - 1 \quad (t=1,\ldots,T)$$

(**Kalkulations-) Zinsfuß** der Periode t.

3. Ist u endogener Verrechnungspreisvektor, so heißt r_t **endogener (Kalkulations-) Zinsfuß** der Periode t.

Bemerkungen

1. Ist r_t endogener Zinsfuß der Periode t, so ist $1 + r_t$ die marginale Verzinsung (Grenzrendite, Grenzproduktivität) von Periode t ($t=1,\ldots,T$), d.h. $1 + r_t$ entspricht näherungsweise der Verzinsung der letzten gerade noch eingesetzten Geldeinheit.

2. Im folgenden werden Kapitalwerte entweder als Funktion der Abzinsungsfaktoren oder als Funktion der durch die Abzinsungsfaktoren bestimmten Kalkulationszinsfüße aufgefaßt.

Bestehen zwischen den Investitions- und Finanzierungsmaßnahmen keine finanziellen Interdependenzen, so setzt sich der Kapitalwert $K(q)$ additiv aus den Kapitalwerten der einzelnen Maßnahmen zusammen.

Ist Maßnahme s ein im Zeitpunkt τ realisierbares Investitionsprojekt mit den Einzahlungsüberschüssen $e_{ts}(x_s)$ $(t > \tau)$, so ergibt sich der auf den Investitionszeitpunkt bezogene Kapitalwert dieses Projektes zu

(2.8) $$K_s(q) = \max_{0 \le x_s \le k_s} \{ -x_s + \sum_{t > \tau} e_{ts}(x_s) q_t \} \quad \text{mit}$$

$$q := (q_{\tau+1},\ldots,q_T), \; q_t := \prod_{p=\tau+1}^{t} (1 + r_p)^{-1} \quad (t=\tau+1,\ldots,T).$$

Entsprechend Satz 1.9 zeigt man, daß $K_s(q)$ konvex ist. Weiter gilt:

(2.9) Satz

Sind die Einzahlungsüberschüsse $e_{t's}(x_s)$ zum Zeitpunkt $t' > \tau$ streng monoton wachsend, so ist die optimale Lösung $\bar{x}_s(q)$ von 2.8 bzgl. $q_{t'}$ monoton wachsend.

Beweis

Es seien $\bar{x}_s(\bar{q})$ und $\hat{x}_s(\hat{q})$ optimale Lösungen von 2.8 für $\hat{q}_{t'} > \bar{q}_{t'}$ $(t'>\tau)$ und $\hat{q}_t = \bar{q}_t$ $(t \neq t')$. Zu zeigen ist: $\hat{x}_s \geq \bar{x}_s$.

Es gilt:

$$-\bar{x}_s + \sum_{t>\tau} e_{ts}(\bar{x}_s)\bar{q}_t \geq -\hat{x}_s + \sum_{t>\tau} e_{ts}(\hat{x}_s)\bar{q}_t$$

und damit

$$\bar{x}_s - \hat{x}_s \leq \sum_{t>\tau} (e_{ts}(\bar{x}_s) - e_{ts}(\hat{x}_s))\bar{q}_t =: e_s(\bar{q}).$$

Entsprechend erhält man:

$$\bar{x}_s - \hat{x}_s \geq \sum_{t>\tau} (e_{ts}(\bar{x}_s) - e_{ts}(\hat{x}_s))\hat{q}_t =: e_s(\hat{q}).$$

Damit ergibt sich:

$$e_s(\bar{q}) \geq e_s(\hat{q}) \ .$$

Hieraus folgt:

$$(e_{t's}(\bar{x}_s) - e_{t's}(\hat{x}_s))\bar{q}_{t'} \geq (e_{t's}(\bar{x}_s) - e_{t's}(\hat{x}_s))\hat{q}_{t'}.$$

Aus der Annahme $\bar{x}_s > \hat{x}_s$ ergibt sich wegen $\hat{q}_{t'} > \bar{q}_{t'}$ und $e_{t's}(\bar{x}_s) > e_{t's}(\hat{x}_s)$ ein Widerspruch. Somit gilt $\hat{x}_s \geq \bar{x}_s$.

Bemerkung:

Gilt im Beweis von Satz 2.9 $e_{t's}(\bar{x}_s) = e_{t's}(\hat{x}_s)$, so besitzt 2.8 für $\mathbf{q} = \hat{\mathbf{q}}$ und $\mathbf{q} = \bar{\mathbf{q}}$ die gleichen optimalen Lösungen.

Ist Maßnahme s eine im Zeitpunkt τ realisierbare Finanzierungsmaßnahme mit den Auszahlungsüberschüssen $a_{ts}(x_s)$ $(t > \tau)$, so ergibt sich der auf τ bezogene Kapitalwert zu (q wie in 2.8 definiert)

(2.10) $$K_s(q) = \max_{0 \le x_s \le k_s} \{ x_s - \sum_{t>\tau} a_{ts}(x_s) q_t \}.$$

$K_s(q)$ ist konvex. Analog zu Satz 2.9 zeigt man:

(2.11) <u>Satz</u>

Sind die Auszahlungsüberschüsse $a_{t's}(x_s)$ zum Zeitpunkt $t' > \tau$ streng monoton wachsend, so ist die optimale Lösung $\bar{x}_s(q)$ von 2.10 bzgl. $q_{t'}$ monoton fallend.

Faßt man die kapitalwertmaximale Lösung der Investitions- oder Finanzierungsmaßnahme s als Funktion der Kalkulationszinsfüße auf, so folgt aus den Sätzen 2.9 und 2.11: Sind die Einzahlungsüberschüsse (Auszahlungsüberschüsse) einer Investitionsmaßnahme (Finanzierungsmaßnahme) streng monoton wachsende Funktionen, so ist die kapitalwertmaximale Lösung eine monoton fallende (wachsende) Funktion der Kalkulationszinsfüße.

<u>Bemerkung</u>

Die Sätze 2.9 und 2.11 gelten auch dann, wenn die Funktionen $e_{ts}(x_s)$ bzw. $a_{ts}(x_s)$ unstetig sind.

Die endogenen Verrechnungspreise (und damit die endogenen Zinsfüße) ergeben sich nach 1.17 aus der Optimierungsaufgabe

(2.12) $$\min_{\mathbf{u} \in U} \{ KW(u) + PW(u) + \mathbf{bu} \}.$$

2.12 ist eine konvexe Optimierungsaufgabe und daher in der Regel einfacher zu lösen als das (u.U. nicht-konvexe) Entscheidungsproblem 2.2.

Existieren endogene Verrechnungspreise, so erhält man durch Anwendung der Sätze 1.12 und 1.16:

$$\max_{\mathbf{x}\in X,\, \mathbf{c}\in C} \{ U(\mathbf{c}) \mid \mathbf{c}^0 = e(\mathbf{x}) + \mathbf{b} \} = \min_{\mathbf{u}\in U} \{ KW(\mathbf{u}) + PW(\mathbf{u}) + \mathbf{bu} \} =$$
$$= \min_{\mathbf{u}\in \mathbf{R}^{T+1}} \{ KW(\mathbf{u}) + PW(\mathbf{u}) + \mathbf{bu} \}.$$

(Die zweite Gleichung folgt aus $KW(\mathbf{u}) + PW(\mathbf{u}) + \mathbf{bu} = \infty$ für $\mathbf{u} \notin U$.)

Die Ermittlung der endogenen Verrechnungspreise reduziert sich damit auf die Bestimmung des Minimums einer konvexen Funktion.

Für den Fall der Vermögensmaximierung lautet die Zielfunktion $U(\mathbf{c}) = c_T$, und es gilt:

$$KW(\mathbf{u}) = \max_{c_T \geq 0} \{ (1 - u_T)c_T \}.$$

Kann man von einer positiven Konsumauszahlung zum Zeitpunkt T ausgehen, so folgt $u_T = 1$. $\mathbf{u}$ kann dann als Vektor von Aufzinsungsfaktoren sowie $PW(\mathbf{u})$ als Kapitalendwert des Investitions- und Finanzierungsprogrammes interpretiert werden.

Ist $\mathbf{u} = (u_0, \ldots, u_{T-1}, 1)$ ein endogener Verrechnungspreisvektor und $\bar{c}_T$ das maximal erreichbare Endvermögen, so gilt nach Satz 1.16:

$$PW(\mathbf{u}) + \mathbf{bu} = \bar{c}_T.$$

Das maximal erzielbare Endvermögen ergibt sich somit als Summe des mit den endogenen Zinsfüßen ermittelten Kapitalendwertes des Investitions- und Finanzierungsprogrammes und dem ebenfalls mit den endogenen Zinsfüßen ermittelten Endwert der entscheidungsunabhängigen Einzahlungsüberschüsse.

(2.13) Beispiel

$T = 3$, $\mathbf{b} = (30, 94, 0, 0)$, $U(\mathbf{c}) = c_3$.

Es soll über drei jeweils höchstens einmal durchführbare Investitionsmaßnahmen I1, I2 und I3 entschieden werden. Die Zahlungsreihen der Maßnahmen seien

I1 : (-100, -20, 90, 78,1),
I2 : (0, -60, 40, 35),
I3 : (-80, 40, -20, 87).

In t (t=0,1,2) können unbeschränkt Finanzmittel mit einperiodiger Laufzeit zum Zins 10% (20%) angelegt (aufgenommen) werden.

Offenbar gilt für das optimale Endvermögen $\bar{c}_3 > 0$ und damit $u_3 = 1$. Mit den Zinsfüßen $r_1 = 0{,}2$, $r_2 = 0{,}15$ und $r_3 = 0{,}1$ ergeben sich die Projektwerte von I1, I2 und I3 zu $PW_1 = 0$, $PW_2 = 3{,}1$, $PW_3 = 0$.

Bezeichnet x_t^A den im Zeitpunkt t zum Zins 10% angelegten und x_t^B den im Zeitpunkt t zum Zins 20% aufgenommenen Betrag, so ist

$\bar{x}_1 = 0{,}5$, $\bar{x}_2 = 1$, $\bar{x}_3 = 0$, $\bar{x}_0^B = 20$, $\bar{x}_2^A = 85$,

$\bar{x}_0^A = \bar{x}_1^A = \bar{x}_1^B = \bar{x}_2^B = 0$ mit $\bar{c}_3 = 167{,}55$

eine zulässige kapitalwertmaximale Lösung. Daher sind r_1, r_2, r_3 endogene Zinsfüße, $(\bar{x}, \bar{c}_3)$ ist optimale Lösung und es gilt:

$$\bar{c}_3 = PW_2 + 30 \cdot 1{,}2 \cdot 1{,}15 \cdot 1{,}1 + 94 \cdot 1{,}15 \cdot 1{,}1 = 167{,}55.$$

(2.14) <u>Beispiel</u>

T=1, **b** = (4, 0), U(**c**) = c_1.

t \ j	1	2	3	4
0	$-x_1$	$-x_2$	x_3	x_4
1	$6\ln x_1$	$1{,}1x_2$	$-1{,}2x_3$	$-0{,}5x_4^2$
k_j	∞	∞	∞	∞

Matrix der Einzahlungsüberschüsse und Obergrenzen

Offenbar ist die in t = 1 maximal realisierbare Konsumauszahlung positiv. Es gilt daher $u_1 = 1$. Die Projektwerte ergeben sich damit zu:

$$PW_1(u_0) = \max_{0 \le x_1} \{ -x_1 u_0 + 6 \ln x_1 \} = -6 + 6 \ln \frac{6}{u_0},$$

$$PW_2(u_0) = \max_{0 \le x_2} \{ -x_2 u_0 + 1{,}1 x_2 \},$$

$$PW_3(u_0) = \max_{0 \le x_3} \{ x_3 u_0 - 1{,}2 x_3 \},$$

$$PW_4(u_0) = \max_{0 \le x_4} \{ x_4 u_0 - 0{,}5 x_4^2 \} = 0{,}5 u_0^2.$$

$PW_2(u_0)$ ist nur für $u_0 \ge 1{,}1$ endlich mit $PW_2(u_0) = 0$.

$PW_3(u_0)$ ist nur für $u_0 \le 1{,}2$ endlich mit $PW_3(u_0) = 0$.

Nach 2.12 ist der endogene Verrechnungspreis damit Lösung der Optimierungsaufgabe

$$\min_{1{,}1 \le u_0 \le 1{,}2} \{ -6 + 6 \ln \frac{6}{u_0} + 0{,}5 u_0^2 + 4 u_0 \}.$$

Als optimale Lösung ergibt sich $\bar{u}_0 = 1{,}16$ und damit als endogener Zinsfuß $r_1 = \bar{u}_0 - 1 = 0{,}16$.

Hieraus errechnet sich die optimale Lösung zu

$\bar{x}_1 = 5{,}16$, $\bar{x}_2 = \bar{x}_3 = 0$, $\bar{x}_4 = 1{,}16$, $\bar{c}_1 = 9{,}17$.

2.2 Effiziente Konsumpläne

Da der Konsumnutzen mit der Höhe der Konsumauszahlungen wächst, kommen für eine optimale Lösung nur solche Konsumpläne in Betracht, bei denen eine Erhöhung der Konsumauszahlung in einem Zeitpunkt ohne Konsumverzicht in anderen Zeitpunkten nicht möglich ist.

(2.15) Definitionen

1. Ein Konsumplan $\hat{c}$ heißt **zulässig**, wenn ein $\hat{x} \in X$ existiert, so daß $(\hat{c}, \hat{x})$ eine zulässige Lösung des Entscheidungsproblems 2.2 ist.
2. Ein zulässiger Konsumplan $\hat{c}$ heißt **effizient**, wenn kein zulässiger Konsumplan $\bar{c}$ mit $\bar{c} \geq \hat{c}$ und $\bar{c} \neq \hat{c}$ existiert.

Ist $\hat{c}$ effizient, so gilt:

(2.16) $\hat{c}_T(\hat{c}_1, \dots, \hat{c}_{T-1}) :=$

$$= \max_{\mathbf{x} \in X} \{ c_T \mid \mathbf{c}^0 = \mathbf{e}(\mathbf{x}) + \mathbf{b},\ c_t = \hat{c}_t \ (t \neq T) \}.$$

Jeder effiziente Konsumplan kann damit aus der in Bezug auf $c_1, \dots, c_{T-1}$ parametrischen Optimierungsaufgabe 2.16 ermittelt werden.

(2.17) Satz

$e_t(x)$ seien konkave Funktionen $(t=0, \dots, T)$. Dann ist auch $c_T(c_1, \dots, c_{T-1})$ eine konkave Funktion.

Beweis

Es seien $\hat{c}$ und $\bar{c}$ zwei effiziente Konsumpläne.
Mit $0 \leq \alpha \leq 1$ und $c^T := (c_1, \dots, c_{T-1})$ ist zu zeigen:

$$\alpha \hat{c}_T + (1-\alpha)\bar{c}_T \leq c_T\,(\alpha \hat{c}^T + (1-\alpha)\bar{c}^T).$$

Es seien $\hat{x}$, $\bar{x}$ optimale Lösungen von 2.16 für $c^T = \hat{c}^T$ bzw. $c^T = \bar{c}^T$. Dann gilt:

$$\alpha\hat{c}^0 + (1-\alpha)\bar{c}^0 = \alpha e(\hat{x}) + (1-\alpha)e(\bar{x}) + b.$$

Wegen der Konkavität von e(x) folgt:

$$\alpha e(\hat{x}) + (1-\alpha)e(\bar{x}) \leq e(\alpha\hat{x} + (1-\alpha)\bar{x}) \quad \text{und damit}$$

$$\alpha\hat{c}^0 + (1-\alpha)\bar{c}^0 \leq e(\alpha\hat{x} + (1-\alpha)\bar{x}) + b.$$

Somit sind bei Durchführung des Investitions- und Finanzierungsprogrammes $\alpha\hat{x} + (1-\alpha)\bar{x}$ und des Konsumplanes $\alpha\hat{c} + (1-\alpha)\bar{c}$ zu jedem Zeitpunkt t (t=0,...,T) die Auszahlungen durch Einzahlungen gedeckt. Da nach Annahme 2.1.5 überschüssige Mittel unbeschränkt zu jedem Zeitpunkt t (t=0,...,T-1) zum Zins $r \geq 0$ investiert werden können, folgt $\alpha\hat{c}_T + (1-\alpha)\bar{c}_T \leq c_T(\alpha\hat{c}^T + (1-\alpha)\bar{c}^T)$ und damit die Konkavität von $c_T(c_1,...,c_{T-1})$.

Existieren endogene Kalkulationszinsfüße, so kann durch Anwendung der Kapitalwertmethode eine optimale Lösung des Entscheidungsproblems und damit ein effizienter Konsumplan abgeleitet werden.

Ist umgekehrt $\bar{x}$ ein mit den Diskontierungsfaktoren q_t (t=1,...,T) abgeleitetes kapitalwertmaximales Programm, so gilt:

(2.18) <u>Satz</u>

Gilt $e(\bar{x}) + b =: \bar{c}^0$ und ist $\bar{c}$ zulässig (d.h. gilt $\bar{c} \geq 0$), so ist $\bar{c}$ ein effizienter Konsumplan.

<u>Beweis</u>

Mit $U(c) = \sum_{t=1}^{T} c_t q_t$ ergeben sich für den Verrechnungspreisvektor $u = (1,q_1,...,q_T)$ der Konsum- und Projektwert zu:

$$KW(u) = \max_{c\varepsilon C} \{ \sum_{t=1}^{T} c_t q_t - \sum_{t=1}^{T} c_t q_t \} = 0 \quad \text{bzw.}$$

$$PW(u) = \max_{x\varepsilon X} \{ e(x)u \}.$$

Dabei sind $\bar{c}$ und $\bar{x}$ optimale Lösungen. Nach Satz 1.14 sind somit $\bar{c}$ und $\bar{x}$ optimal für

$$\max_{\mathbf{x} \varepsilon X, \mathbf{c} \varepsilon C} \{ \sum_{t=1}^{T} c_t q_t \mid c^0 = \mathbf{e}(\mathbf{x}) + \mathbf{b} \}$$

und $\bar{c}$ daher effizient.

Damit ist jeder mit Hilfe der Kapitalwertmethode abgeleitete zulässige Konsumplan effizient. Dies belegt erneut die Bedeutung der Kapitalwertmethode für die Investitions- und Finanzierungsplanung.

(2.19) Beispiel

$T = 2$, $\mathbf{b} = (200, 0, 0)$.

t \ j	1	2	3
0	$-100x_1$	$-x_2$	0
1	$80x_1$	$1,1x_2$	$-x_3$
2	$35x_1$	0	$1,1x_3$
k_j	1	∞	∞

Matrix der Einzahlungsüberschüsse und Obergrenzen

Die effizienten Konsumpläne ergeben sich aus der folgenden parametrischen linearen Optimierungsaufgabe:

$$\bar{c}_2(\bar{c}_1) = \max c_2 \qquad \text{u.d.B.}$$

$$\begin{aligned}
100x_1 + x_2 &= 200 \\
-80x_1 - 1,1x_2 + x_3 + \bar{c}_1 &= 0 \\
-35x_1 - 1,1x_3 + c_2 &= 0 \\
x_1 &\le 1 \\
x_1, x_2, x_3 &\ge 0
\end{aligned}$$

Nach 2.4 erhält man die Optimierungsaufgaben

$$PW_1(u) = \max_{0\le x_1\le 1} \{ (-100u_0 + 80u_1 + 35u_2)x_1 \},$$

$$PW_2(u) = \max_{x_2\ge 0} \{ (-u_0 + 1{,}1u_1)x_2 \},$$

$$PW_3(u) = \max_{x_3\ge 0} \{ (-u_1 + 1{,}1u_2)x_3 \},$$

$$PW_4(u) = \max_{c_2\ge 0} \{ (1 - u_2)c_2 \}.$$

Positive Optimalwerte für c_2 ergeben sich nur für $u_2 = 1$. Aus der Forderung nach endlichen Optimalwerten ergibt sich $u_1 \ge 1{,}1$ und $u_0 \ge 1{,}1^2$.

In Abhängigkeit von $\bar{c}_1$ erhält man als Optimallösung:

$\bar{c}_1$	$\bar{c}_2(\bar{c}_1)$	$\bar{x}_1(\bar{c}_1)$	$\bar{x}_2(\bar{c}_1)$	$\bar{x}_3(\bar{c}_1)$
$0\le\bar{c}_1\le 190$	$244 - 1{,}1\bar{c}_1$	1	100	$190-\bar{c}_1$
$190<\bar{c}_1\le 220$	$256\frac{2}{3} - 1\frac{1}{6}\,\bar{c}_1$	$7\frac{1}{3} - \frac{1}{30}\,\bar{c}_1$	$-533\frac{1}{3} + 3\frac{1}{3}\,\bar{c}_1$	0

Hieraus ergeben sich die endogenen Zinsfüße $r_1(\bar{c}_1)$ und $r_2(\bar{c}_1)$ wie folgt:

1. Für $0 \le \bar{c}_1 < 190$ gilt $\bar{x}_2, \bar{x}_3 > 0$ und damit $-u_0 + 1{,}1u_1 = 0,\ -u_1 + 1{,}1u_2 = -u_1 + 1{,}1 = 0.$

   Hieraus folgt $u_1 = 1{,}1,\ u_0 = 1{,}1^2$ d.h. $r_1 = r_2 = 0{,}1.$

2. Für $\bar{c}_1 = 190$ gilt $\bar{x}_1 = 1,\ \bar{x}_2 > 0,\ \bar{x}_3 = 0$ und damit $-u_0 + 1{,}1u_1 = 0,\ -100u_0 + 80u_1 + 35 \ge 0,$ $-u_1 + 1{,}1 \le 0.$

   Hieraus folgt $r_1 = 0{,}1$ sowie $0{,}1 \le r_2 \le 0{,}17.$

3. Für $190 < \bar{c}_1 \le 220$ gilt $0 < \bar{x}_1 < 1,\ \bar{x}_2 > 0$ und damit $-100u_0 + 80u_1 + 35 = 0,\ -u_0 + 1{,}1u_1 = 0.$

   Hieraus folgt $r_1 = 0{,}1$ sowie $r_2 = 0{,}17.$

2.3 Verrechnungspreise und Marktpreise

Existieren für intern genutzte Ressourcen Marktpreise, so stellt sich die Frage, inwieweit sich Verrechnungspreise für diese Ressourcen aus den entsprechendes Marktpreisen ableiten lassen.

Marktpreise für Finanzmittel sind die für Finanzmittelanlagen und -aufnahmen gezahlten Zinsen. Es gelte:

(2.20) <u>Annahme</u>

Im Zeitpunkt t $(t=0,\ldots,T-1)$ können Finanzmittel in unbeschränkter Höhe zum Zins r_A bzw. r_B mit $0 < r_A \leq r_B$ mit einperiodiger Laufzeit angelegt bzw. aufgenommen werden.

Es sei $\mathbf{q} = (1,q_1,\ldots,q_T)$ ein Vektor von Abzinsungsfaktoren. Bezeichnet x_t^A bzw. x_t^B den zum Zins r_A bzw. r_B im Zeitpunkt t $(t=0,\ldots,T-1)$ angelegten bzw. aufgenommenen Betrag, so ergeben sich die Kapitalwerte dieser Maßnahmen zu $(q_0 := 1)$

$$K_t^A(\mathbf{q}) = \max_{x_t^A \geq 0} \{ -x_t^A q_t + (1 + r_A)x_t^A q_{t+1} \},$$

$$(t=0,\ldots,T-1)$$

$$K_t^B(\mathbf{q}) = \max_{x_t^B \geq 0} \{ x_t^B q_t - (1 + r_B)x_t^B q_{t+1} \}.$$

Die Kapitalwerte sind nur dann endlich, wenn für $t=0,\ldots,T-1$ gilt:

$$-q_t + (1 + r_A)q_{t+1} \leq 0,$$

$$q_t - (1 + r_B)q_{t+1} \leq 0.$$

Hieraus folgt:

(2.21) Satz

Es gelte Annahme 2.20. Dann gilt für jeden Kalkulationszinsfuß der Periode t, r_t:

$$r_A \leq r_t \leq r_B \qquad (t=1,\dots,T).$$

Im Falle $r_A < r_t < r_B$ folgt für die kapitalwertmaximalen Lösungen $\bar{x}_t^A$, $\bar{x}_t^B$: $\bar{x}_t^A = \bar{x}_t^B = 0$. Finanzmittelanlagen oder -aufnahmen sind somit nur sinnvoll, sofern der Kalkulationszins mit dem Anlage- bzw. Aufnahmezins übereinstimmt.

Mit Hilfe der in Satz 2.21 angegebenen Abschätzung für die Kalkulationszinsfüße kann bereits vor Kenntnis des optimalen Investitions- und Finanzierungsprogrammes eine Vorauswahl getroffen werden.

Zunächst ergibt sich für jeden Abzinsungsfaktor q_t aus Satz 2.21 für t=1,...,T die Abschätzung

$$q_t^B \leq q_t \leq q_t^A \qquad (q_t^A := (1 + r_A)^{-t},\ q_t^B := (1 + r_B)^{-t}).$$

Ist die kapitalwertmaximale Lösung einer isoliert durchführbaren Investitionsmaßnahme bei Anwendung der Kapitalwertmethode mit den Diskontierungsfaktoren q_t^A Null, und sind die Einzahlungsüberschüsse streng monoton wachsende Funktionen, so ist die Maßnahme nach Satz 2.9 nicht im optimalen Programm enthalten.

Ist entsprechend die kapitalwertmaximale Lösung einer isoliert durchführbaren Finanzierungsmaßnahme bei Anwendung der Kapitalwertmethode mit den Diskontierungsfaktoren q_t^B Null, und sind die Auszahlungsüberschüsse streng monoton wachsende Funktionen, so ist die Maßnahme nicht im optimalen Programm enthalten.

Die Vorauswahl führt zu einer Entscheidung über das gesamte Investitions- und Finanzierungsprogramm, wenn Anlage- und Aufnahmezins übereinstimmen, das heißt, wenn unbeschränkte Finanzmittelanlagen und -aufnahmen zum Kapitalmarktzins r möglich sind (vollkommener Kapitalmarkt). In diesem Fall ist der Kapitalmarktzins endogener Zins, und die mit diesem Zins ermittelte kapitalwertmaximale Lösung ist zugleich eine Lösung des Entscheidungsproblems (Dies gilt auch dann, wenn Ganzzahligkeitsbedingungen zu berücksichtigen sind.).

Während sich das optimale Investitions- und Finanzierungsprogramm bei vollkommenem Kapitalmarkt mit Hilfe der Kapitalwertmethode bestimmen läßt, ergibt sich bei der Ableitung des optimalen Konsumplanes das Problem, daß der Marktzins nicht ausreicht, um den optimalen Konsumplan zu bestimmen.

Wegen $\frac{u_{t-1}}{u_t} - 1 = r$ $(t=1,\dots,T)$ folgt $u_t = u_0(1 + r)^{-t}$ $(t=0,\dots,T)$.

Somit ergibt sich der Konsumwert zu

$$(2.22)\quad KW = \max_{c \in C} \{ U(c) - u_0 \sum_{t=1}^{T} (1 + r)^{-t} c_t \}.$$

Der optimale Konsumplan hängt daher noch von u_0 ab. Zur Bestimmung von u_0 kann man wie folgt vorgehen:

Zunächst ermittelt man ein kapitalwertmaximales Investitions- und Finanzierungsprogramm ohne Berücksichtigung der Kapitalmarktmaßnahmen. Ist K der Kapitalwert dieses Programmes, so erhält man durch Diskontierung als Bedingung für den optimalen Konsumplan $\bar{c}$:

$$(2.23)\quad \sum_{t=0}^{T} b_t(1 + r)^{-t} + K = \sum_{t=1}^{T} \bar{c}_t(1 + r)^{-t}.$$

Aus 2.22 ergibt sich der optimale Konsumplan $\bar{c} = \bar{c}(u_0)$ als Funktion von u_0. Durch Einsetzen in 2.23 kann hieraus u_0 und anschließend $\bar{c}$ ermittelt werden.

Nachdem in dieser Weise das optimale Investitions- und Finanzierungsprogramm und der optimale Konsumplan abgeleitet wurden, sind abschließend die Kapitalmarktaktivitäten so festzulegen, daß sich eine zulässige Lösung ergibt.

(2.24) <u>Beispiel</u>

$T = 2$, $U(c) = \ln c_1 + \ln c_2$, $\mathbf{b} = (13, 0, 0)$, $r = 0{,}1$.

t \ j	1	2	3	4
0	$-x_1$	$-x_2$	$-x_3$	$-x_4$
1	$3{,}3\ln x_1$	$4{,}4\sqrt{x_2}$	$0{,}5\ln x_3$	x_4
2	0	0	$1{,}1\, x_3$	x_4
k_j	∞	∞	∞	2

Matrix der Einzahlungsüberschüsse und Obergrenzen

1. Ermittlung des optimalen Investitionsprogrammes

Die Kapitalwerte und die kapitalwertmaximale Lösung $\bar{x}$ ergeben sich zu

$$K_1 = \max_{x_1 \geq 0} \{ -x_1 + 3\ln x_1 \} \Rightarrow \bar{x}_1 = 3,\ K_1 = 0{,}29.$$

$$K_2 = \max_{x_2 \geq 0} \{ -x_2 + 4\sqrt{x_2} \} \Rightarrow \bar{x}_2 = 4,\ K_2 = 4.$$

$$K_3 = \max_{x_3 \geq 0} \{ -x_3 + 1{,}1^{-1}(0{,}5\ln x_3 + x_3) \} \Rightarrow$$
$$\Rightarrow \bar{x}_3 = 5,\ K_3 = 0{,}28.$$

$$K_4 = \max_{0 \leq x_4 \leq 2} \{ -x_4 + 1{,}1^{-1}x_4 + 1{,}1^{-2}x_4 \} \Rightarrow$$
$$\Rightarrow \bar{x}_4 = 2,\ K_4 = 1{,}47.$$

2. Ermittlung des optimalen Konsumplans

Es gilt:

$$KW = \max_{c \in C} \{ \ln c_1 + \ln c_2 - u_0(1{,}1^{-1}c_1 + 1{,}1^{-2}c_2) \}.$$

Als optimaler Konsumplan $\bar{c}$ ergibt sich in Abhängigkeit von u_0:

$$\bar{c}_1 = \frac{1,1}{u_0}, \qquad \bar{c}_2 = \frac{1,1^2}{u_0}.$$

Bedingung 2.23 lautet:

$$13 + 6,04 = 1,1^{-1}\bar{c}_1 + 1,1^{-2}\bar{c}_2.$$

Hieraus folgt: $u_0 = 0,11$, $\bar{c}_1 = 10,47$, $\bar{c}_2 = 11,52$.

3. Festlegung der Kapitalmarktaktivitäten

Unter Berücksichtigung der Liquiditätsbedingungen ergibt sich: In $t = 0$ wird 1 GE zu 10% aufgenommen und in $t = 1$ werden 3.66 GE angelegt.

2.4 Verrechnungspreise und Konsumpräferenz

Während durch die Nebenbedingungen des Entscheidungsproblems festgelegt wird, welche Konsumpläne effizient sind, ermöglicht die Zielfunktion die Bestimmung eines optimalen Konsumplans.

Da bei präferenzabhängiger Ressourcenbewertung die Grenzrenditen von der jeweils zugrundeliegenden Zielfunktion abhängen, stellt sich die Frage, in welcher Weise sich unterschiedliche Konsumpräferenzen auf die Höhe der Verrechnungspreise und damit auf die Höhe der endogenen Kalkulationszinsfüße auswirken.

Vielfach wird die Ermittlung eines optimalen Investitions- und Finanzierungsprogrammes auf der Basis des Konsumbarwertes vorgenommen:

$$(2.25) \quad U(c) = \sum_{t=1}^{T} c_t q^{-t}.$$

Dabei ist $q = 1 + i$ ein gegebener Aufzinsungsfaktor, der sich etwa als geforderte Mindestverzinsung interpretieren läßt. Handelt es sich bei der Wirtschaftseinheit um eine Kapitalgesellschaft und ist c_t die den Eigenkapitalgebern im Zeitpunkt t zufließende Ausschüttung, so läßt sich U(c) als Marktwert der Unternehmung auffassen (vgl. etwa Hax 1985, S.88f.).

Ist **u** endogener Verrechnungspreisvektor, so ergibt sich der optimale Konsumplan $\bar{c}$ als Lösung der Optimierungsaufgabe

$$(2.26) \quad KW = \max_{c \in C} \{ \sum_{t=1}^{T} c_t (q^{-t} - u_t) \}.$$

Hieraus leitet sich der folgende Zusammenhang zwischen $\bar{c}$ und den endogenen Kalkulationszinsfüßen r_t (t=1,...,T) ab:

1. Im Falle $\bar{c}_{t-1}$, $\bar{c}_t > 0$ folgt $u_{t-1} = q^{-(t-1)}$, $u_t = q^{-t}$ und damit

$$r_t = \frac{u_{t-1}}{u_t} - 1 = i.$$

2. Im Falle $\bar{c}_{t-1} > 0$, $\bar{c}_t = 0$ folgt $u_{t-1} = q^{-(t-1)}$, $u_t \geq q^{-t}$ und damit $r_t \leq i$.

3. Im Falle $\bar{c}_{t-1} = 0$, $\bar{c}_t > 0$ folgt $u_{t-1} \geq q^{-(t-1)}$, $u_t = q^{-t}$ und damit $r_t \geq i$.

Zukünftiger Konsum wird also nur dann realisiert, wenn die Grenzverzinsung nicht kleiner als die geforderte Mindestverzinsung ist. Erhöhte Renditeforderungen führen damit tendenziell zu einer Erhöhung gegenwärtigen Konsums und daher zu einer Schrumpfung der Wirtschaftseinheit.

Dieser Sachverhalt wird für T = 2 in Abbildung 2.27 verdeutlicht.

(2.27) Abbildung

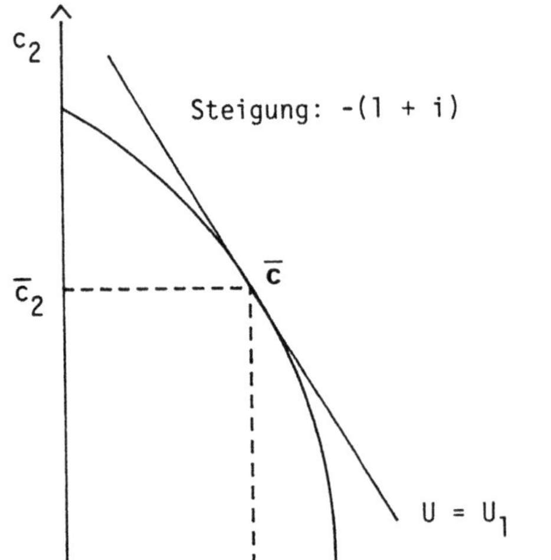

In Abbildung 2.27 ergibt sich der optimale Konsumplan $\bar{c}$ im Berührpunkt der Indifferenzlinie $U = U_1$ und der Effizienzlinie. Im Punkt $\bar{c}$ beträgt die Steigung der Effizienzlinie $-(1 + r_2)$, d.h.

$1 + r_2$ ist Grenzrendite in Periode 2. Die Steigung der Indifferenzlinie beträgt $-(1 + i)$. Somit gilt $r_2 = i$.

Eine Erhöhung von i bedeutet eine Drehung der Indifferenzlinie im Uhrzeigersinn. Dabei erhöht sich die Konsumauszahlung in $t = 1$ bei Reduzierung der Konsumauszahlung in $t = 2$ und Erhöhung der Grenzrendite in Periode 2.

Im vorigen Abschnitt wurde gezeigt, daß bei vollkommenem Kapitalmarkt die endogenen Zinsfüße unabhängig von der Konsumpräferenz mit dem Kapitalmarktzins r übereinstimmen. Die Effizienzlinie ist somit linear. Man erhält sie, wenn man die Tangente mit der Steigung $-(1 + r)$ an die Effizienzlinie legt, die sich ohne Berücksichtigung der Kapitalmarktaktivitäten ergibt (vgl. Abb. 2.28).

(2.28) Abbildung

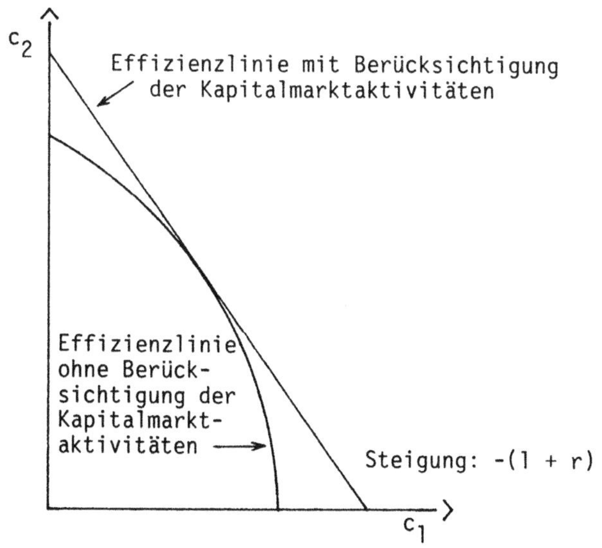

Der Berührpunkt kennzeichnet das optimale Investitions- und Finanzierungsprogramm, das (ohne Berücksichtigung der Kapitalmarktaktivitäten) unabhängig von der Konsumpräferenz realisiert wird. Demgegenüber hängen die im Optimum realisierten Kapitalmarktaktivitäten von der Konsumpräferenz ab, wobei eine wachstumsorientierte Konsumpräferenz (U_1 in Abb. 2.29) tendenziell zur Anlage und eine auf gegenwärtigen Konsum gerichtete Konsumpräferenz (U_2 in Abb. 2.29) tendenziell zur Aufnahme von Finanzmitteln am Kapitalmarkt führt.

(2.29) Abbildung

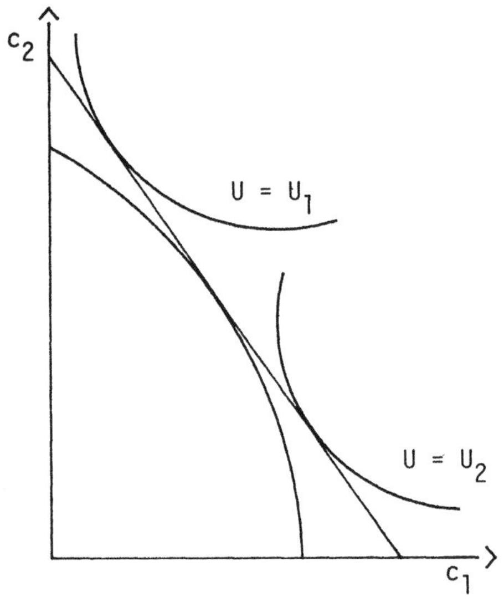

In der Praxis orientiert sich die Höhe der Konsumauszahlungen vielfach an dem jeweiligen Periodenerfolg. Wählt man als Maß für den Periodenerfolg die jeweils erzielte Grenzrendite, so stellt sich die Frage, welche Konsumnutzenfunktionen zu einem an den Grenzrenditen orientierten Konsumplan führen.

Eine detaillierte Behandlung dieser Frage erfolgt im zweiten Teil dieses Buches. Hier soll lediglich gezeigt werden, daß eine Konsumnutzenfunktion mit der gewünschten Eigenschaft existiert.

Für das Entscheidungsproblem 2.2 mit

$$(2.30) \quad U(c) = \sum_{t=1}^{T} \ln c_t$$

sei u endogener Verrechnungspreisvektor und $\bar{c}$ optimaler Konsumplan.

Aus

$$(2.31)\quad KW = \max_{c \varepsilon C} \{ \sum_{t=1}^{T} (\ln c_t - u_t c_t) \}$$

ergibt sich $\bar{c}_t = \frac{1}{u_t}$ $(t=1,\ldots,T)$.

Damit folgt für die endogenen Kalkulationszinsfüße r_t $(t=1,\ldots,T)$:

$$(2.32)\quad \bar{c}_{t+1} = (1 + r_{t+1})\bar{c}_t \qquad (t=1,\ldots,T-1).$$

Bei Wahl der Konsumnutzenfunktion 2.30 ergeben sich daher mit der Grenzrendite zunehmende Konsumauszahlungen.

2.5 Ein Ein-Perioden-Modell

Beträgt der Planungszeitraum eine Periode, so entfällt das Problem der zeitlichen Verteilung des Konsums. Die Investitions- und Finanzierungsplanung ist dann so durchzuführen, daß die Konsumauszahlung zum Zeitpunkt t = 1 maximiert wird.

Für die folgende Analyse gelte:

(2.33) Annahme

Zwischen den Investitions- und Finanzierungsmaßnahmen bestehen keine Zahlungsinterdependenzen.

Ist m_1 bzw. $m - m_1$ die Anzahl der Investitionsmaßnahmen bzw. Finanzierungsmaßnahmen, so sind die folgenden Bedingungen zu beachten:

(2.34)

$$0 = b_0 - \sum_{j=1}^{m_1} x_j + \sum_{j=m_1+1}^{m} x_j,$$

$$c_1 = b_1 + \sum_{j=1}^{m_1} e_j(x_j) - \sum_{j=m_1+1}^{m} a_j(x_j).$$

Dabei ist

x_j der in Investitionsmaßnahme j ($j=1,\dots,m_1$) investierte Betrag bzw. der in Anspruch genommene Betrag von Finanzierungsmaßnahme j ($j=m_1+1,\dots,m$),

$e_j(x_j)$ der aus Investitionsmaßnahme j ($j=1,\dots,m_1$) resultierende Einzahlungsüberschuß, sowie

$a_j(x_j)$ der Auszahlungsüberschuß (Zins und Tilgung) aus Finanzierungsmaßnahme j ($j=m_1+1,\dots,m$).

Das zu ermittelnde Investitions- und Finanzierungsprogramm ist damit Lösung der Optimierungsaufgabe

$$(2.35)\quad \max_{0\le x\le k} \left\{ \sum_{j=1}^{m_1} e_j(x_j) - \sum_{j=m_1+1}^{m} a_j(x_j) \;\middle|\; \sum_{j=1}^{m_1} x_j - \sum_{j=m_1+1}^{m} x_j = b_0 \right\}$$

(b_1 ist eine additive Konstante und kann daher unberücksichtigt bleiben.).

Zur Lösung des Entscheidungsproblems werden die Kapitalwerte der Investitions- und Finanzierungsmaßnahmen gebildet. Man erhält:

$$K_j(r_1) := \max_{0\le x_j\le k_j} \{-x_j + e_j(x_j)(1 + r_1)^{-1}\} \qquad (j=1,\ldots,m_1),$$

$$K_j(r_1) := \max_{0\le x_j\le k_j} \{ x_j - a_j(x_j)(1 + r_1)^{-1}\} \qquad (j=m_1+1,\ldots,m).$$

Es sei $x(r_1)$ eine kapitalwertmaximale Lösung.

(2.36) <u>Definition</u>

$KN(r_1) := \sum_{j=1}^{m_1} \bar{x}_j(r_1)$ heißt **Kapitalnachfragefunktion**,

$KA(r_1) := \sum_{j=m_1+1}^{m} \bar{x}_j(r_1) + b_0$ heißt **Kapitalangebotsfunktion**.

<u>Bemerkung</u>

Da für einen Kalkulationszinsfuß r_1 mehrere kapitalwertmaximale Lösungen existieren können, sind $\bar{x}_j(r_1)$ $(j=1,\ldots,m)$ und damit die Kapitalnachfrage- und -angebotsfunktion mengenwertige Abbildungen. Die Begriffe Kapitalnachfrage- und -angebotsfunktion entsprechen daher nicht dem üblichen Funktionsbegriff.

Stimmen Kapitalnachfrage und -angebot für einen Kalkulationszins r_1 überein, so ist die entsprechende kapitalwertmaximale Lösung $\bar{x}(r_1)$ eine zulässige Lösung von 2.35 und damit nach Satz 1.14 eine Lösung des Entscheidungsproblems.

Weiter gilt (vgl. auch die Sätze 2.9 und 2.11):

(2.37) Satz

$\bar{x}_j(r_1)$ ist für $j=1,...,m_1$ monoton fallend und für $j=m_1+1,...,m$ monoton wachsend. Insbesondere ist damit auch die Kapitalnachfragefunktion monoton fallend und die Kapitalangebotsfunktion monoton wachsend.

Beweis

$\bar{x}_j(\bar{r}_1)$ und $\hat{x}_j(\hat{r}_1)$ seien zwei kapitalwertmaximale Lösungen mit $\bar{r}_1 > \hat{r}_1$. Für $j=1,...,m_1$ gilt:

$$-\bar{x}_j + e_j(\bar{x}_j)(1 + \bar{r}_1)^{-1} \geq -\hat{x}_j + e_j(\hat{x}_j)(1 + \bar{r}_1)^{-1}$$

und damit

$$(\bar{x}_j - \hat{x}_j)(1 + \bar{r}_1) \leq e_j(\bar{x}_j) - e_j(\hat{x}_j).$$

Entsprechend folgt:

$$(\bar{x}_j - \hat{x}_j)(1 + \hat{r}_1) \geq e_j(\bar{x}_j) - e_j(\hat{x}_j).$$

Damit ergibt sich:

$$(\bar{x}_j - \hat{x}_j)(1 + \hat{r}_1) \geq (\bar{x}_j - \hat{x}_j)(1 + \bar{r}_1).$$

Wegen $\bar{r}_1 > \hat{r}_1$ folgt hieraus $\bar{x}_j \leq \hat{x}_j$.

Entsprechend ergibt sich für $j=m_1+1,...,m$:

$$(\bar{x}_j - \hat{x}_j)(1 + \hat{r}_1) \leq (\bar{x}_j - \hat{x}_j)(1 + \bar{r}_1)$$

und damit $\bar{x}_j \geq \hat{x}_j$.

Bemerkung

Nach Satz 2.37 sind die kapitalwertmaximalen Lösungen auch dann monoton fallend bzw. wachsend, wenn die Einzahlungs- oder Auszahlungsüberschüsse unstetige Funktionen sind, wenn also etwa eine Erhöhung des Finanzierungsvolumens eine sprunghafte Erhöhung der Finanzierungskosten bewirkt.

(2.38) Abbildung

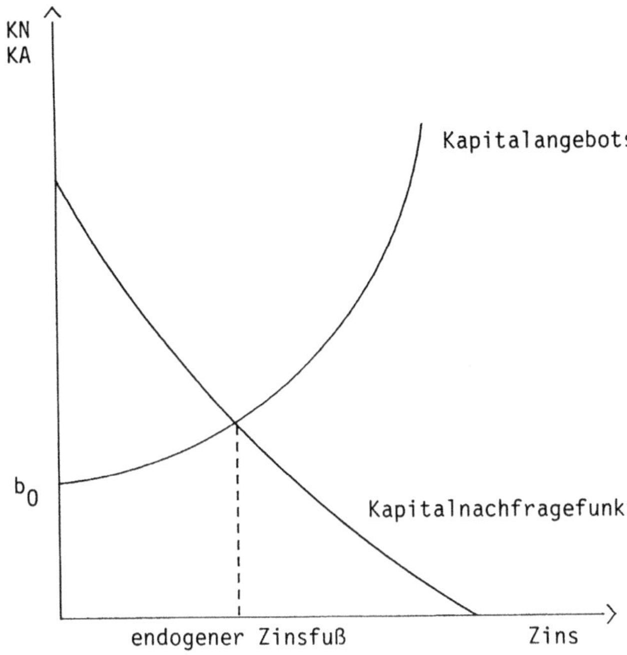

(2.39) Beispiel

Für die 4 Maßnahmen aus Beispiel 2.14 ergeben sich die Kapitalwerte

$$K_1(r_1) = \max_{x_1 \geq 0} \{ -x_1 + (1 + r_1)^{-1} \cdot 6 \ln x_1 \},$$

$$K_2(r_1) = \max_{x_2 \geq 0} \{ -x_2 + (1 + r_1)^{-1} \cdot 1{,}1 x_2 \},$$

$$K_3(r_1) = \max_{x_3 \geq 0} \{ x_3 - (1 + r_1)^{-1} \cdot 1{,}2 x_3 \},$$

$$K_4(r_1) = \max_{x_4 \geq 0} \{ x_4 - (1 + r_1)^{-1} \cdot 0{,}5 x_4^2 \}.$$

$\bar{x}_1 = 6(1 + r_1)^{-1}$ und $\bar{x}_4 = 1 + r_1$ sind kapitalwertmaximale Lösungen für die Maßnahmen 1 und 4. Durch die Maßnahmen 2 und 3 wird r_1 auf den Bereich $0{,}1 \leq r_1 \leq 0{,}2$ beschränkt.

Die Kapitalnachfrage- und -angebotsfunktion ergeben sich mit $b_0 = 4$ zu

r_1	KN	KA
$r_1 = 0{,}1$	$\geq 5{,}46$	$5{,}10$
$0{,}1 < r_1 < 0{,}2$	$6(1 + r_1)^{-1}$	$5 + r_1$
$r_1 = 0{,}2$	5	$\geq 5{,}20$

Kapitalnachfrage und -angebot stimmen für $r_1 = 0{,}16$ überein. Die kapitalwertmaximale Lösung lautet bei diesem Zins (vgl. Beispiel 2.14):

$$\bar{x}_1 = 5{,}16,\ \bar{x}_2 = \bar{x}_3 = 0,\ \bar{x}_4 = 1{,}16,\ \bar{c}_1 = 9{,}17.$$

In Abschnitt 2.1 wurde gezeigt, daß die Ermittlung einer Entscheidung auf der Basis der Projektwerte zum gleichen Ergebnis führt wie die Ableitung einer Entscheidung auf der Basis der Kapitalwerte. Die Projektwerte lauten:

$$PW_j(u_0) = \max_{0 \leq x_j \leq k_j} \{ -x_j u_0 + e_j(x_j) \} \qquad (j=1,\ldots,m_1),$$

$$PW_j(u_0) = \max_{0 \leq x_j \leq k_j} \{ x_j u_0 - a_j(x_j) \} \qquad (j=m_1+1,\ldots,m).$$

$PW_j(u_0)$ ist somit der Kapitalendwert $E_j(r_1)$ von Maßnahme j und $u_0 = 1 + r_1$ Aufzinsungsfaktor $(j=1,\ldots,m)$.

(2.40) Satz

Die Kapitalendwerte sind konvexe, für $j=1,\ldots,m_1$ monoton fallende und für $j=m_1+1,\ldots,m$ monoton wachsende Funktionen.

Beweis

Die Konvexität der Kapitalendwerte wurde in Satz 1.9 nachgewiesen. Es seien $\bar{x}_j(\bar{r}_1)$ und $\hat{x}_j(\hat{r}_1)$ zwei kapitalendwertmaximale (und damit kapitalwertmaximale) Lösungen mit $\bar{r}_1 > \hat{r}_1$.

Für $j=1, \ldots, m_1$ gilt:

$$E_j(\bar{r}_1) = -\bar{x}_j(1 + \bar{r}_1) + e_j(\bar{x}_j),$$

$$E_j(\hat{r}_1) = -\hat{x}_j(1 + \hat{r}_1) + e_j(\hat{x}_j).$$

Zu zeigen ist: $E_j(\bar{r}_1) \leq E_j(\hat{r}_1)$ bzw. $E_j(\bar{r}_1) - E_j(\hat{r}_1) \leq 0$.

Es gilt:

$-\hat{x}_j(1 + \hat{r}_1) + e_j(\hat{x}_j) \geq -\bar{x}_j(1 + \hat{r}_1) + e_j(\bar{x}_j)$ und damit

$e_j(\bar{x}_j) - e_j(\hat{x}_j) \leq \bar{x}_j(1 + \hat{r}_1) - \hat{x}_j(1 + \hat{r}_1)$.

Hieraus folgt:

$$E_j(\bar{r}_1) - E_j(\hat{r}_1) =$$

$$= -\bar{x}_j(1 + \bar{r}_1) + e_j(\bar{x}_j) + \hat{x}_j(1 + \hat{r}_1) - e_j(\hat{x}_j) \leq$$

$$\leq -\bar{x}_j(1 + \bar{r}_1) + \hat{x}_j(1 + \hat{r}_1) + \bar{x}_j(1 + \hat{r}_1) - \hat{x}_j(1 + \hat{r}_1) =$$

$$= \bar{x}_j(\hat{r}_1 - \bar{r}_1).$$

Wegen $\bar{r}_1 > \hat{r}_1$ und $\bar{x}_j \geq 0$ folgt hieraus

$$E_j(\bar{r}_1) - E_j(\hat{r}_1) \leq 0.$$

Analog zeigt man, daß $E_j(r_1)$ für $j=m_1+1, \ldots, m$ monoton wächst.

Bemerkungen

1. Aus dem Beweis ist ersichtlich, daß $E_j(r_1)$ für $\bar{x}_j > 0$ sogar streng monoton fällt bzw. steigt.
2. Satz 2.40 gilt entsprechend für die Kapitalwerte der Investitions- und Finanzierungsmaßnahmen. Die Konvexität der Kapitalwerte als Funktion der Kalkulationszinsfüße ist im Fall $T > 1$ allerdings nicht zwingend (vgl. Dybrig 1983).

Um festzustellen, ob eine Investitions- oder Finanzierungsmaßnahme vorteilhaft ist, wird vielfach die interne Zinsfußmethode angewandt. Als interner Zins einer Zahlungsreihe wird dabei der Zins definiert, für den der Kapitalwert Null ist. Eine Investitionsmaßnahme (Finanzierungsmaßnahme) ist nach der internen Zinsfußmethode dann vorteilhaft, wenn der interne Zins größer (kleiner) als der Kalkulationszins ist.

Der folgende Satz zeigt, daß die Kapitalwertmethode und die interne Zinsfußmethode in der Regel zu gleichen Ergebnissen führen.

(2.41) <u>Satz</u>

Es sei $\bar{r}_1$ endogener Zins, $\bar{x} = (\bar{x}_1,\ldots,\bar{x}_m)$ optimale Lösung von 2.35 und es gelte $e_j(0) = a_j(0) = 0$ $(j=1,\ldots,m)$. Mit
$r_{0j} := \min \{ r_1 \mid E_j(r_1) = 0 \}$ $\quad (j=1,\ldots,m_1)$,
$r_{0j} := \max \{ r_1 \mid E_j(r_1) = 0 \}$ $\quad (j=m_1+1,\ldots,m)$
gilt:

$$r_{0j} \begin{cases} > \bar{r}_1 & \Rightarrow \quad \bar{x}_j > 0 \\ < \bar{r}_1 & \Rightarrow \quad \bar{x}_j = 0 \end{cases} \qquad (j=1,\ldots,m_1).$$

$$r_{0j} \begin{cases} < \bar{r}_1 & \Rightarrow \quad \bar{x}_j > 0 \\ > \bar{r}_1 & \Rightarrow \quad \bar{x}_j = 0 \end{cases} \qquad (j=m_1+1,\ldots,m).$$

<u>Beweis</u>

Es sei $j \in \{ 1,\ldots,m_1 \}$. Im Fall $r_{0j} > \bar{r}_1$ folgt nach Satz 2.40 und der Definition von r_{0j}: $E_j(\bar{r}_1) > 0$ und damit wie behauptet $\bar{x}_j > 0$.

Im Beweis von Satz 2.40 wurde gezeigt:

$E_j(\bar{r}_1) - E_j(\hat{r}_1) \le \bar{x}_j(\hat{r}_1 - \bar{r}_1)$.

Mit $\hat{r}_1 = r_{0j}$ ergibt sich:
$E_j(\bar{r}_1) - E_j(r_{0j}) = E_j(\bar{r}_1) \le \bar{x}_j(r_{0j} - \bar{r}_1)$.

Falls $r_{0j} < \hat{r}_1$ folgt aus der Annahme $\bar{x}_j > 0$: $E_j(\bar{r}_1) < 0$. Wegen $e_j(0) = 0$ gilt im Widerspruch hierzu $E_j(\bar{r}_1) \ge 0$ und damit $\bar{x}_j = 0$. Für $j \in \{ m_1+1,\ldots,m \}$ folgt die behauptete Beziehung zwischen r_{0j} und $\bar{r}_1$ analog.

(2.42) Beispiel

Die Kapitalendwerte von zwei Investitionsmaßnahmen und einer Finanzierungsmaßnahme seien

$$E_1(r_1) = \max_{0 \le x_1 \le 1} \{-x_1(1+r_1)+1,1x_1\} = \begin{cases} 0,1-r_1 & \text{für } r_1 \le 0,1 \\ 0 & \text{für } r_1 > 0,1 \end{cases}$$

$$E_2(r_1) = \max_{0 \le x_2} \{-x_2(1+r_1)+6\ln x_2\} = 6\ln(6(1+r_1)^{-1}) - 6$$

$$E_3(r_1) = \max_{0 \le x_3} \{x_3(1+r_1)-0,5x_3^2\} = \begin{cases} 0 & \text{für } r_1 \le -1 \\ 0,5(1+r_1)^2 & \text{für } r_1 > -1 \end{cases}$$

Es ergibt sich:

$r_{01} = 0,1$, $r_{02} = 1,21$, $r_{03} = -1$.

Investitionsmaßnahme 1 wird durchgeführt, sofern der endogene Zins kleiner als 0,1 ist und nicht durchgeführt, sofern der endogene Zins größer als 0,1 ist.

Finanzierungsmaßnahme 3 wird realisiert, sofern der endogene Zins größer als -1 ist. Da aufgrund der Annahmen des Grundmodells (Möglichkeit der kurzfristigen Finanzmittelanlage zum Zins $r \ge 0$) der endogene Zins nichtnegativ ist, folgt, daß die Maßnahme in jedem Fall realisiert wird.

Für Investitionsmaßnahme 2 ist die Bedingung $e_2(0) = 0$ nicht erfüllt, und es zeigt sich, daß die Maßnahme auch dann realisiert wird, wenn der endogene Zins größer als 1,21 ist. In diesem Fall wird der Kapitalendwert zum endogenen Zins negativ.

2.6 Auf Ein-Perioden-Modelle zurückführbare Mehr-Perioden-Modelle

Erstreckt sich die Planung auf mehr als eine Periode, so stellt sich die Frage, inwieweit eine optimale Lösung durch Zerlegung des Gesamtplanungsproblems in einperiodige Teilplanungsprobleme abgeleitet werden kann. Im folgenden werden Varianten des Grundmodells behandelt, für die eine derartige Zerlegung möglich ist. Für alle Varianten wird angenommen:

(2.43) Annahmen

1. Zwischen den Investitions- und Finanzierungsmaßnahmen bestehen keine finanziellen Interdependenzen:

$$e_t(x) = \sum_{j=1}^{m} e_{tj}(x_j) \qquad (t=0,\ldots,T).$$

2. Es existieren endogene Zinsfüße.

Variante 1

Annahmen

1. Alle Maßnahmen haben eine Laufzeit von einer Periode.
2. Zielfunktion ist die Maximierung des Vermögens in T. Es wird somit vorausgesetzt, daß die Höhe des Konsums in den Zeitpunkten t=1,...,T-1 bereits vor Lösung des Entscheidungsproblems festgelegt ist. Da annahmegemäß Zahlungen aus Investitions- und Finanzierungsmaßnahmen nach T ausgeschlossen sind, handelt es sich bei dem Vermögen in T um liquide Mittel.

Da alle Maßnahmen eine Laufzeit von einer Periode haben, ergibt sich eine optimale Entscheidung, indem sukzessive für die Perioden 1 bis T die Investitions- und Finanzierungsmaßnahmen so festgelegt werden, daß der Zahlungsüberschuß zum jeweiligen Periodenende maximiert wird. Da endogene Zinsfüße existieren, kann die Entscheidung wie im vorigen Abschnitt beschrieben durch Ermittlung des Schnittpunktes zwischen Kapitalangebots- und -nachfragefunktionen für aufeinanderfolgende Perioden abgeleitet werden.

Variante 2

Annahmen

1. Alle Maßnahmen haben eine Laufzeit von einer Periode.
2. Zielfunktion ist die Funktion $U(c) = \sum_{t=1}^{T} \ln c_t$.

In Abschnitt 2.4 wurde gezeigt, daß im Optimum die Konsumauszahlungen mit der Grenzrendite zunehmen, d.h. zwischen dem optimalen Konsumplan $\bar{c}$ und den Grenzrenditen $1 + r_t$ $(t=1,\ldots,T)$ besteht der Zusammenhang (vgl. 2.32):

$$\text{(2.44)} \quad \bar{c}_{t+1} = (1 + r_{t+1})\bar{c}_t \qquad (t=1,\ldots,T-1).$$

Zur Lösung des Entscheidungsproblems wird zunächst ein Investitions- und Finanzierungsprogramm der ersten Periode bestimmt, das zu einem maximalen Zahlungsüberschuß zum Zeitpunkt $t = 1$ führt. Bezeichnet $ZÜ_1$ den durch dieses Programm verursachten Einzahlungsüberschuß im Zeitpunkt $t = 1$, so ist $ZÜ_1 + b_1 - c_1$ der nach Vornahme der Konsumauszahlung c_1 zu Beginn der zweiten Periode verfügbare Einzahlungsüberschuß. $ZÜ_1 + b_1 - c_1$ ergibt sich im Ordinatenschnittpunkt der Kapitalangebotsfunktion KA_2 der zweiten Periode (vgl. Abb. 2.45).

Bei Erhöhung von c_1 verschiebt sich die Kapitalangebotsfunktion nach rechts. Der endogene Zins $r_2 = r_2(c_1)$ wächst somit monoton mit c_1. Für $c_1 = 0$ folgt aus 2.44 $c_t = 0$ $(t=2,\ldots,T)$. Dieser Konsumplan ist nur dann optimal, wenn sich bei jeweils optimaler periodiger Reinvestition entsprechend Variante 1 ein maximal erzielbares Vermögen zum Zeitpunkt T in Höhe von Null ergibt. Ist dies nicht der Fall, so ist c_1 zu erhöhen. Da r_2 mit c_1 wächst, wächst nach 2.44 auch c_2 mit c_1. Wie in Periode zwei führt dies zu einer Verschiebung der Kapitalangebotsfunktion in Periode drei nach rechts und damit zu einer Erhöhung des endogenen Zinsfußes r_3 und nach 2.44 von c_3. Allgemein erkennt man: Die sich bei je-

(2.45) Abbildung

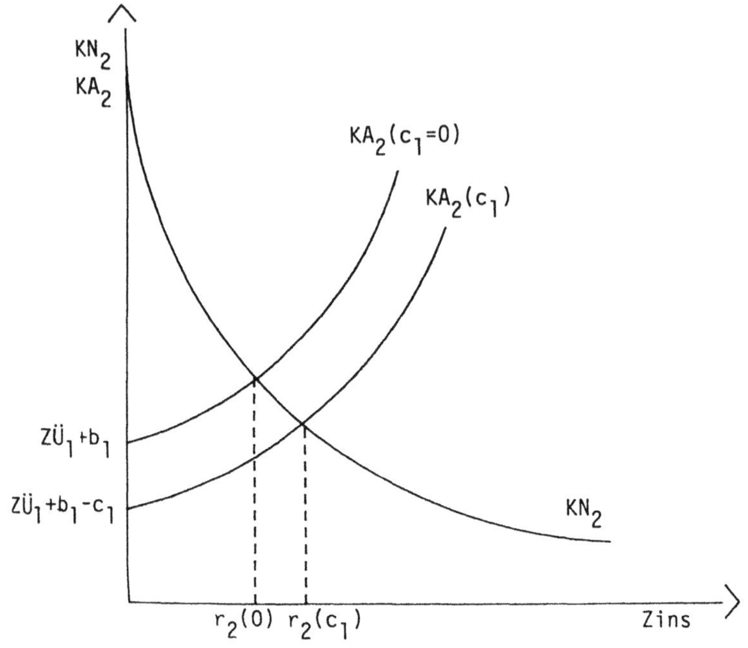

weils optimaler Allokation unter Berücksichtigung von 2.44 ergebenden Konsumauszahlungen c_t (t=2,...,T) sind monoton wachsende Funktionen von c_1. Der optimale Konsumplan ergibt sich daher, wenn c_1 (und damit c_t (t=2,...,T)) so lange erhöht wird, bis Ein- und Auszahlungen für t=1,...,T zum Ausgleich gebracht worden sind.

(2.46) Beispiel

$T = 2$, $\mathbf{b} = (4, 0, 0)$.

Die in Beispiel 2.14 gegebenen Investitions- und Finanzierungsmaßnahmen seien auch in Periode 2 durchführbar (vgl. auch Beispiel 2.39).

Für die zweite Periode ergeben sich die Kapitalnachfrage (KN_2) und das Kapitalangebot (KA_2) in Abhängigkeit von r_2 und c_1 zu:

	KN_2	KA_2
$r_2 = 0{,}1$	$\geq 5{,}46$	$10{,}27 - c_1$
$0{,}1 < r_2 < 0{,}2$	$6(1 + r_2)^{-1}$	$10{,}17 + r_2 - c_1$
$r_2 = 0{,}2$	5	$\geq 10{,}37 - c_1$

Da in Periode eins und zwei die gleichen Investitionsmaßnahmen durchgeführt werden können, stimmt die Kapitalnachfrage in beiden Perioden überein.

KA_2 ergibt sich wie folgt: In Beispiel 2.39 ergab sich ein maximaler Zahlungsüberschuß $Z\ddot{U}_1 = 9{,}17$. Nach Ausschüttung in Höhe von c_1 verbleiben $9{,}17 - c_1$. Bezeichnet $\bar{y}_j(r_2)$ die kapitalwertmaximale Lösung von Maßnahme j in Periode 2 (j=1,...,4), so gilt:

$$KA_2 = KA_2(r_2) = 9{,}17 - c_1 + \bar{y}_3(r_2) + \bar{y}_4(r_2).$$

Für $r_2 = 0{,}1$ folgt: $\bar{y}_3 = 0$, $\bar{y}_4 = 1{,}1$. Damit ergibt sich $KA_2 = 10{,}27 - c_1$.

Für $0{,}1 < r_2 < 0{,}2$ folgt: $\bar{y}_3 = 0$, $\bar{y}_4 = 1 + r_2$ und damit $KA_2 = 10{,}17 + r_2 - c_1$.

Für $r_2 = 0{,}2$ folgt: $\bar{y}_3 \geq 0$, $\bar{y}_4 = 1{,}2$. Damit ergibt sich $KA_2 \geq 10{,}37 - c_1$.

Für $c_1 = 5{,}37$ ergibt sich $KA_2 = KN_2 = 5$ mit $r_2 = 0{,}2$. KN_2 wird für $\bar{y}_1 = 5$, $\bar{y}_2 = 0$, KA_2 für $\bar{y}_3 = 0$, $\bar{y}_4 = 1{,}2$ realisiert. Für dieses Programm ergibt sich $c_2(c_1{=}5{,}37) = 6\ln 5 - 0{,}5 \cdot 1{,}2^2 = 8{,}94$.

Nach 2.44 muß demgegenüber für $c_1 = 5{,}37$ gelten: $c_2 = 1{,}2c_1 = 6{,}44$. c_1 ist daher weiter zu erhöhen. Wegen $r_2 = 0{,}2$ für $c_1 \geq 5{,}37$ folgt $\bar{y}_1 = 5$, $\bar{y}_2 = 0$, $\bar{y}_4 = 1{,}2$, $\bar{c}_2 = 1{,}2\bar{c}_1$. $\bar{y}_3$, $\bar{c}_1$ und $\bar{c}_2$ sind so zu bestimmen, daß gilt:

$$\bar{c}_1 = -\bar{y}_1 + \bar{y}_3 + \bar{y}_4 + 9{,}17 = 5{,}37 + \bar{y}_3.$$
$$1{,}2\bar{c}_1 = 6\ln\bar{y}_1 - 1{,}2\bar{y}_3 - 0{,}5\bar{y}_4^2 = 8{,}94 - 1{,}2\bar{y}_3.$$

Hieraus folgt: $\bar{c}_1 = 6{,}41$, $\bar{c}_2 = 7{,}69$, $\bar{y}_3 = 1{,}04$.

Variante 3

Annahmen

1. Konstante Skalenerträge:
   $e_{tj}(x_j) = e_{tj}x_j, \; k_j = \infty \qquad (t=0,\ldots,T;\; j=1,\ldots,m).$
2. Für die Menge J_τ der zum Zeitpunkt τ $(\tau=0,\ldots,T-1)$ durchführbaren Maßnahmen gilt:
   $e_{\tau j} = -1, \; e_{tj} \geq 0 \; (t > \tau).$
3. $b_t > 0 \qquad (t=0,\ldots,T).$
4. Zielfunktion ist die Funktion $U(c) = \sum_{t=1}^{T} c_t(1 + i)^{-t}.$

Das zu lösende Entscheidungsproblem ist somit eine lineare Optimierungsaufgabe. Alle Maßnahmen sind Investitionsmaßnahmen, die im Investitionszeitpunkt Auszahlungen und in der Folge nur nichtnegative Einzahlungsüberschüsse verursachen.

Aus der Theorie der linearen Optimierung ist bekannt, daß eine optimale Entscheidung $(\bar{x},\bar{c})$ existiert, die zugleich Basislösung der entsprechenden linearen Optimierungsaufgabe ist und damit maximal $T + 1$ positive Komponenten enthält.

Aufgrund der obigen Annahmen gilt für $\tau = 0$:
$\bar{x}_j > 0$ für mindestens ein $j \in J_0$.

Für $\tau=1,\ldots,T-1$ gilt:
$\bar{x}_j > 0$ für mindestens ein $j \in J_\tau$ und/oder $\bar{c}_\tau > 0$.

Für $\tau = T$ gilt:
$\bar{c}_T > 0$.

Hieraus folgt:

(2.47) Satz

Es gibt eine optimale Lösung $(\bar{x},\bar{c})$ mit
$\bar{x}_j > 0$ für genau ein $j \in J_0$,
$\bar{c}_T > 0$ sowie
$\bar{x}_j > 0$ für genau ein $j \in J_t$ $(t=1,\ldots,T-1)$
oder $\bar{c}_t > 0$.

Eine optimale Lösung kann zusammen mit dem endogenen Verrechnungspreisvektor **u** mit Hilfe des Konsumwertes

(2.48) $$KW = \max_{c \varepsilon C} \{ \sum_{t=1}^{T} ((1+i)^{-t} - u_t)c_t \}$$

und der Projektwerte

(2.49) $$PW_j = \max_{x_j \geq 0} \{ (-u_\tau + \sum_{t>\tau} e_{tj}u_t)x_j \} \qquad (j \varepsilon J_\tau)$$

rekursiv wie folgt ermittelt werden:

1. Aus $\bar{c}_T > 0$ folgt nach 2.48 : $u_T = (1 + i)^{-T}$.
2. Für τ (τ=T-1,...,1) gilt $-u_\tau + \sum_{t>\tau} e_{tj}\, u_t \leq 0$ für alle $j \varepsilon J_\tau$ sowie $(1 + i)^{-\tau} \leq u_\tau$ mit "=" für mindestens eine Ungleichung.

   Hieraus folgt für τ = T-1,...,1:

   (2.50) $$u_\tau = \max \{ (1 + i)^{-\tau}, \max_{j \varepsilon J_\tau} \{ \sum_{t>\tau} e_{tj}u_t \}\}.$$

3. Da in τ = 0 genau eine Investitionsmaßnahme durchgeführt wird, folgt:

   $$u_0 = \max_{j \varepsilon J_0} \{ \sum_{t>0} e_{tj}u_t \}.$$

(2.51) <u>Beispiel</u>

T = 3, i = 0,1, **b** = (10, 10, 4, 6).

t \ j	1	2	3	4
0	$-x_1$	$-x_2$	0	0
1	$0,1x_1$	$1,05x_2$	$-x_3$	0
2	$1,15x_1$	0	$1,05x_3$	$-x_4$
3	0	0	0	$1,05x_4$

Matrix der Einzahlungsüberschüsse

Die endogenen Verrechnungspreise ergeben sich rekursiv wie folgt:

$u_3 = 1,1^{-3}$,

$u_2 = \max \{ 1,1^{-2}, 1,05u_3 \} = 1,1^{-2}$,

$u_1 = \max \{ 1,1^{-1}, 1,05u_2 \} = 1,1^{-1}$,

$u_0 = \max \{ 0,1u_1 + 1,15u_2, 1,05u_1 \} = 1,04$.

Im Optimum wird daher lediglich Investitionsmaßnahme 1 realisiert und in den Zeitpunkten t=1,2,3 eine Konsumauszahlung vorgenommen. Unter Berücksichtigung der Liquiditätsbedingungen erhält man als optimale Lösung:

$\bar{x}_1 = 10,\ \bar{c}_1 = 11,\ \bar{c}_2 = 15,5,\ \bar{c}_3 = 6$.

<u>Variante 4</u>

<u>Annahmen</u>

1. Konstante Skalenerträge:
   $e_{tj}(x_j) = e_{tj}x_j,\ k_j = \infty \quad (t=0,\ldots,T;\ j=1,\ldots,m)$.
2. Es bestehen keine Finanzierungsmöglichkeiten.
3. Zu jedem Zeitpunkt t (t=0,...,T-1) wird im Optimum mindestens eine Investitionsmaßnahme durchgeführt.

Für die endogenen Verrechnungspreise u_t (t=0,...,T) gilt wegen Annahme 3 für τ = T-1,...,0 :

$$(2.52) \quad u_\tau = \max_{j \varepsilon J_\tau} \{ \sum_{t>\tau} e_{tj} u_t \}.$$

Da u_T nicht bekannt ist, werden zunächst die Aufzinsungsfaktoren u_τ/u_T (τ=T-1,...,0) rekursiv ermittelt. Aus 2.52 ergibt sich:

$$(2.53) \quad \frac{u_\tau}{u_T} = \max_{j \varepsilon J_\tau} \{ \sum_{t>\tau} e_{tj} \frac{u_t}{u_T} \}.$$

Mit u_τ/u_T lassen sich anschließend die endogenen Zinsfüße r_t und hieraus ein Abzinsungsvektor **q** ableiten. Berücksichtigt man, daß der mit **q** ermittelte Kapitalwert des optimalen Investitions- und Finanzierungsprogrammes Null ist, so ergibt sich für den optimalen Konsumplan $\bar{c}$ die Bedingung (vgl. 2.23)

(2.54) $\mathbf{bq} = \bar{\mathbf{c}}\mathbf{q}$.

Aus

(2.55) $$KW = \max_{\mathbf{c}\in C} \{ U(\mathbf{c}) - \mathbf{c}^0\mathbf{u} = U(\mathbf{c}) - u_T \sum_{t=1}^{T} c_t \frac{u_t}{u_T} \}$$

ergibt sich $\bar{c}$ zunächst als Funktion von u_T. Durch Einsetzen von $\bar{c}$ in 2.54 erhält man u_T und damit den optimalen Konsumplan. Schließlich ergibt sich das optimale Investitions- und Finanzierungsprogramm durch Anwendung der Kapitalwertmethode mit den endogenen Zinsfüßen unter Berücksichtigung der Liquiditätsbedingungen.

(2.56) <u>Beispiel</u>

Es gelten die Daten aus Bsp. 2.51 mit der Zielfunktion $U(c) = \ln c_1 + \ln c_2 + \ln c_3$.
(Die Ergebnisse sind auf zwei Nachkommastellen gerundet.)

1. Ermittlung der endogenen Kalkulationszinsfüße

Nach 2.53 ergibt sich:

$$\frac{u_2}{u_3} = 1{,}05,$$

$$\frac{u_1}{u_3} = 1{,}05 \cdot 1{,}05 = 1{,}05^2,$$

$$\frac{u_0}{u_3} = \max \{ 0{,}1 \frac{u_1}{u_3} + 1{,}15 \frac{u_2}{u_3},\ 1{,}05 \frac{u_1}{u_3} \} =$$

$$= \max \{ 0{,}1\cdot 1{,}05^2 + 1{,}15\cdot 1{,}05,\ 1{,}05\cdot 1{,}05^2 \} =$$

$$= \max \{ 1{,}32,\ 1{,}16 \} = 1{,}32.$$

Hieraus folgt für die endogenen Zinsfüße:

$$r_3 = \frac{u_2}{u_3} - 1 = 0{,}05,$$

$$r_2 = \frac{u_1}{u_2} - 1 = \frac{u_1}{u_3} : \frac{u_2}{u_3} - 1 = 0{,}05,$$

$$r_1 = \frac{u_0}{u_1} - 1 = \frac{u_0}{u_3} : \frac{u_1}{u_3} - 1 = 0{,}20.$$

2. Ermittlung des optimalen Konsumplans

Nach 2.54 gilt mit $q_t := \prod_{\tau=1}^{t} (1+r_\tau)^{-1}$:

$$6q_3 + 4q_2 + 10q_1 + 10 = \bar{c}_3 q_3 + \bar{c}_2 q_2 + \bar{c}_1 q_1.$$

Nach Einsetzen der in 1 ermittelten Werte erhält man:

$$26{,}11 = 1{,}05^{-2} \cdot 1{,}2^{-1} \bar{c}_3 + 1{,}05^{-1} \cdot 1{,}2^{-1} \bar{c}_2 + 1{,}2^{-1} \bar{c}_1 \qquad (*).$$

Aus dem Konsumwert

$$KW = \max_{c \varepsilon C} \{ \sum_{t=1}^{3} (\ln c_t - u_t c_t) \}$$

folgt als notwendige Bedingung für den optimalen Konsumplan $\bar{c}$:

$$\bar{c}_3 = \frac{1}{u_3}, \quad \bar{c}_2 = \frac{1}{u_2} = \frac{1}{1{,}05 u_3}, \quad \bar{c}_1 = \frac{1}{1{,}05 \cdot 1{,}05 u_3}.$$

Durch Einsetzen in (*) ergibt sich $u_3 = 0{,}087$ und damit $\bar{c}_3 = 11{,}47$, $\bar{c}_2 = 10{,}92$, $\bar{c}_1 = 10{,}40$.

3. Ermittlung der optimalen Investitionsentscheidung

Wegen $r_1 = 0{,}2$ gilt $\bar{x}_2 = 0$. Der Kapitalwert der übrigen Investitionsmaßnahmen ist Null. Die optimale Entscheidung für diese Maßnahmen muß daher unter Berücksichtigung der Liquiditätsbedingungen ermittelt werden. Man erhält:

$\bar{x}_1 = 10$, $\bar{x}_3 = 0{,}60$, $\bar{x}_4 = 5{,}21$.

2.7 Näherungslösungen

Die Ausführungen der vorigen Abschnitte machen deutlich, daß die Ermittlung endogener Verrechnungspreise vielfach weniger Aufwand erfordert als die direkte Lösung des Entscheidungsproblems. Dazu kommt, daß in vielen Fällen eine Schätzung der endogenen Verrechnungspreise aus ähnlich gelagerten Entscheidungssituationen oder aus Marktdaten vorliegt. Ergibt sich mit diesen Verrechnungspreisen eine zulässige konsum- und projektwertmaximale Lösung, so ist diese nach Satz 1.14 die gesuchte optimale Lösung des Entscheidungsproblems. Aber auch wenn dies nicht der Fall ist, ermöglichen die geschätzten Verrechnungspreise oft eine hinreichende Approximation des optimalen Programms.

Die Ermittlung einer Entscheidung mit fest gewählten Verrechnungspreisen ist aber auch dann sinnvoll, wenn endogene Verrechnungspreise nicht existieren oder wenn ihre Existenz a priori nicht sicher ist. Dies ist typischerweise immer dann der Fall, wenn wegen der Unteilbarkeit einzelner Investitionsmaßnahmen Ganzzahligkeitsbedingungen bestehen, die eine direkte Lösung des Entscheidungsproblems erheblich erschweren.

Im folgenden wird gezeigt, wie eine approximative Lösung des Entscheidungsproblems mit gegebenen Verrechnungspreisen ermittelt werden kann.

(2.57) <u>Annahmen</u>

1. Zwischen den Investitions- und Finanzierungsmaßnahmen bestehen keine finanziellen Interdependenzen:

$$e_t(x) = \sum_{j=1}^{m} e_{tj}(x_j) \qquad (t=0,\ldots,T).$$

2. Die ersten m_1 Maßnahmen sind unteilbar:
x_j ganzzahlig! $\quad (j=1,\ldots,m_1)$.

Mit $X^* := \{ x \varepsilon X \mid x_j$ ganzzahlig $(j=1,\ldots,m_1) \}$ lautet das Entscheidungsproblem:

(2.58) $$\max_{x \varepsilon X^*, c \varepsilon C} \{ U(c) \mid c^0 = e(x) + b \}.$$

Es sei $\hat{u}$ ein geschätzter Verrechnungspreisvektor sowie $\hat{x}$ und $\hat{c}$ optimale Lösungen von

(2.59) $$PW_j(\hat{u}) = \max_{x \varepsilon X^*} \{ P_j(x_j,\hat{u}) := \sum_{t=0}^{T} e_{tj}(x_j)\hat{u}_t \} \qquad (j=1,\ldots,m)$$

bzw.

(2.60) $$KW(\hat{u}) = \max_{c \varepsilon C} \{ KW(c,\hat{u}) = U(c) - c\hat{u} \}.$$

<u>Bemerkung</u>

Da $\hat{u}$ ein Verrechnungspreisvektor ist, gilt $PW_j(\hat{u})$, $KW(\hat{u}) < \infty$.

Ist (x^*,c^*) eine beliebige zulässige und $(\bar{x},\bar{c})$ optimale Lösung von 2.58, so erhält man nach Satz 1.30:

(2.61) <u>Satz</u>

$$U(\bar{c}) - U(c^*) \leq \sum_{j=1}^{m} (P_j(\hat{x}_j,\hat{u}) - P_j(x_j^*,\hat{u})) +$$

$$+ KW(\hat{c},\hat{u}) - KW(c^*,\hat{u}) =: ABW.$$

ABW setzt sich somit aus

$$ABW\ PW := \sum_{j=1}^{m} (P_j(\hat{x}_j,\hat{u}) - P_j(x_j^*,\hat{u}))$$

sowie

$$ABW\ KW := KW(\hat{c},\hat{u}) - KW(c^*,\hat{u})$$

zusammen und hängt damit von der Wahl des Verrechnungspreisvektors $\hat{u}$ und von der Wahl der (zulässigen) Lösung (x^*,c^*) ab.

In der Regel liegt keine Schätzung der endogenen Verrechnungspreise, sondern eine Schätzung der endogenen Zinsfüße $\hat{r} = (\hat{r}_1,\ldots,\hat{r}_T)$ vor.

Wegen $\hat{r}_t = \frac{\hat{u}_{t-1}}{\hat{u}_t} - 1$ $(t=1,\ldots,T)$ besteht folgender Zusammenhang:

$$(2.62)\quad \hat{u}_t = \hat{u}_0 \prod_{\tau=1}^{t} (1 + \hat{r}_\tau)^{-1} \qquad (t=1,\ldots,T).$$

Mit $\hat{q} := (1,\hat{q}_1,\ldots,\hat{q}_T)$, $\hat{q}_t := \prod_{\tau=1}^{t}(1 + \hat{r}_\tau)^{-1}$ erhält man:

$$(2.63)\quad \text{ABW PW} = \hat{u}_0 \sum_{j=1}^{m} \left(P_j(\hat{x}_j,\hat{q}) - P_j(x_j^*,\hat{q}) \right).$$

Somit ist ABW PW bezüglich $\hat{u}_0$ monoton wachsend und nimmt sein Minimum für $\hat{u}_0 = 0$ an. Demgegenüber existiert ein $\mu > 0$, so daß ABW KW für $\hat{u}_0 \geq \mu$ endlich und für $\hat{u}_0 < \mu$ nicht endlich ist. Dabei hängt μ von der jeweils zugrunde gelegten Konsumnutzenfunktion ab.

Lautet die Konsumnutzenfunktion

$$(2.64)\quad U(c) = \sum_{t=1}^{T} c_t(1 + i)^{-t} \qquad \text{(Marktwertmaximierung)},$$

so ergibt sich:

$$(2.65)\quad KW(c,\hat{u}) = \sum_{t=1}^{T} c_t((1 + i)^{-t} - \hat{u}_t) = \sum_{t=1}^{T} c_t((1 + i)^{-t} - \hat{u}_0\hat{q}_t).$$

Wegen $KW(\hat{u}) < \infty$ folgt $(1 + i)^{-t} \leq \hat{u}_0\hat{q}_t$ $(t=1,\ldots,T)$ sowie $KW(\hat{c},\hat{u}) = 0$.

Man erhält daher:

$$(2.66)\quad \text{ABW KW} = -KW(c^*,\hat{u}) = \sum_{t=1}^{T} c_t^*(\hat{u}_0\hat{q}_t - (1 + i)^{-t}).$$

ABW KW ist somit bezüglich $\hat{u}_0$ minimal, wenn gilt:

(2.67) $(1 + i)^{-t} \leq \hat{u}_0\hat{q}_t \quad (t=1,...,T)$ und

$(1 + i)^{-t} = \hat{u}_0\hat{q}_t$ für mindestens ein t.

Damit ist gezeigt:

(2.68) Satz

Bei Marktwertmaximierung ist ABW bezüglich $\hat{u}_0$ minimal, sofern 2.67 für $\hat{u}_0$ erfüllt ist.

Lautet die Konsumnutzenfunktion

$U(c) = c_1 = c_2 = ... = c_T =: d$ (Einkommensmaximierung)

oder

$U(c) = c_T$ (Vermögensmaximierung),

so erhält man:

$$KW(c,\hat{u}) = d(1 - \hat{u}_0 \sum_{t=1}^{T} \hat{q}_t)$$

beziehungsweise

$$KW(c,\hat{u}) = c_T(1 - \hat{u}_0\hat{q}_T).$$

Analog zu Satz 2.68 ergibt sich damit:

(2.69) Satz

Bei Einkommensmaximierung bzw. Vermögensmaximierung ist ABW für $\hat{u}_0 = (\sum_{t=1}^{T} \hat{q}_t)^{-1}$ bzw. $\hat{u}_0 = \hat{q}_T^{-1}$ minimal.

(2.70) Beispiel

Für Beispiel 2.14 mit $m_1 = 0$ gelte $\hat{r}_1 = 0{,}1$ und damit $\hat{u}_0 = 1{,}1$. Hieraus ergeben sich die Projektwerte und projektwertmaximalen Lösungen

$$PW_1(\hat{u}_0) = \max_{x_1 \geq 0} \{ -1{,}1x_1 + 6\ln x_1 \} \Rightarrow \hat{x}_1 = 5{,}45,$$

$$PW_2(\hat{u}_0) = \max_{x_2 \geq 0} \{ -1{,}1x_2 + 1{,}1x_2 \} \Rightarrow \hat{x}_2 \geq 0,$$

$$PW_3(\hat{u}_0) = \max_{x_3 \geq 0} \{ 1{,}1x_3 - 1{,}2x_3 \} \Rightarrow \hat{x}_3 = 0,$$

$$PW_4(\hat{u}_0) = \max_{x_4 \geq 0} \{ 1{,}1x_4 - 0{,}5x_4^2 \} \Rightarrow \hat{x}_4 = 1{,}1.$$

Da $\hat{x}$ in jedem Fall unzulässig ist, wird eine Korrektur vorgenommen. Eine zulässige Korrekturlösung x^* erhält man mit $x_1^* = \hat{x}_1$, $x_2^* = 0$, $x_3^* = \hat{x}_3$, $x_4^* = 1{,}45$. Für x^* ergibt sich zum Zeitpunkt $t = 1$ die Konsumauszahlung $c_1^* = 9{,}12$. Ist $\bar{c}_1$ die maximal realisierbare Konsumauszahlung zum Zeitpunkt $t = 1$ (Beispiel 2.38 ergab $\bar{c}_1 = 9{,}17$), so gilt:

$$\bar{c}_1 - c_1^* \leq P_4(\hat{x}_4, \hat{u}_0) - P_4(x_4^*, \hat{u}_0) = 0{,}06 \text{ d.h. } \bar{c}_1 \leq 9{,}18.$$

Nach Satz 1.31 läßt sich die Abschätzung gemäß Satz 2.61 verbessern, wenn diese mit dem endogenen Verrechnungspreisvektor **u** vorgenommen wird, der sich ohne Berücksichtigung der Ganzzahligkeitsbedingungen ergibt.

Ist $(\bar{x},\bar{c})$ Optimallösung des Entscheidungsproblems ohne Berücksichtigung der Ganzzahligkeitsbedingungen, d.h. optimale Lösung von

$$\text{(2.71)} \quad \max_{\mathbf{x} \in \mathbf{X}, \mathbf{c} \in \mathbf{C}} \{ U(c) \mid \mathbf{c}^0 = \mathbf{e}(\mathbf{x}) + \mathbf{b} \},$$

so gilt für jede zulässige Lösung (x^*,c^*) von 2.58:

(2.72) Satz

$$U(\bar{c}) - U(c^*) = \sum_{j=1}^{m} (P_j(\bar{x}_j,u) - P_j(x_j^*,u)) +$$

$$+ KW(\bar{c},u) - KW(c^*,u) = ABW.$$

Minimiert (x^*,c^*) ABW bzgl. aller zulässigen Lösungen von 2.58, so ist (x^*,c^*) die gesuchte optimale Lösung von 2.58 und $U(\bar{c}) - U(c^*)$ kann als die durch die Unteilbarkeit der ersten m_1 Maßnahmen bedingten Opportunitätskosten interpretiert werden.

(2.73) Beispiel

Es gelten die Daten aus Beispiel 2.14. Zusätzlich wird gefordert: x_1 ganzzahlig! Ohne Berücksichtigung dieser Bedingung ergab sich der endogene Zins $r_1 = 0{,}16$ sowie die optimale Lösung

$$\bar{x}_1 = 5{,}16,\ \bar{x}_2 = \bar{x}_3 = 0,\ \bar{x}_4 = 1{,}16,\ \bar{c}_1 = 9{,}17.$$

Die Ganzzahligkeitsbedingung ist für $\bar{x}_1$ verletzt und daher ist $(\bar{x},\bar{c}_1)$ nicht zulässig. Eine zulässige Korrekturlösung ist

$$x^* = (5,\ 0,\ 0,\ 1),\quad c_1^* = 9{,}16.$$

Hierfür erhält man nach Satz 2.72 mit $\bar{u}_0 = 1 + r_1 = 1{,}16$:

$$ABW = \bar{c}_1 - c_1^* =$$

$$= P_1(\bar{x}_1,\bar{u}_0) - P_1(x_1^*,\bar{u}_0) + P_4(\bar{x}_4,\bar{u}_0) - P_4(x_4^*,\bar{u}_0) = 0{,}01.$$

(2.74) Beispiel

$T = 3$, $\mathbf{b} = (30, 34, -10, 0)$, $U(c) = c_3$.

t \ j	1	2	3	4	5	6	7	8	9	10
0	-100	-100	0	0	-1	0	0	1	0	0
1	60	60	-40	0	1,1	-1	0	-1,2	1	0
2	50	60	30	-90	0	1,1	-1	0	-1,2	1
3	21,85	0	30	103,5	0	0	1,1	0	0	-1,2
k_j	1	1	1	1	∞	∞	∞	∞	∞	∞

Matrix der Einzahlungsüberschüsse pro Projekteinheit und Obergrenzen

Für die Investitionsmaßnahmen 1-4 gelte: x_j ganzzahlig !

Es sei $\hat{r}_1 = 0{,}2$, $\hat{r}_2 = \hat{r}_3 = 0{,}1$ eine Schätzung der endogenen Kalkulationszinsfüße. Hieraus ergibt sich:

$\hat{u}_0 = 1{,}2 \cdot 1{,}1^2$, $\hat{u}_1 = 1{,}1^2$, $\hat{u}_2 = 1{,}1$, $\hat{u}_3 = 1$

(vgl. Satz 2.69) und damit

$$P_1(x_1,\hat{u}) = (-100 \cdot 1{,}2 \cdot 1{,}1^2 + 60 \cdot 1{,}1^2 + 50 \cdot 1{,}1 + 21{,}85)x_1 = \\ = 4{,}25x_1,$$

$P_2(x_2,\hat{u}) = -6{,}6x_2,$ $\qquad$ $P_3(x_3,\hat{u}) = 14{,}6x_3,$

$P_4(x_4,\hat{u}) = 4{,}5x_4,$ $\qquad$ $P_5(x_3,\hat{u}) = -0{,}121x_5,$

$P_6(x_6,\hat{u}) = 0 \cdot x_6,$ $\qquad$ $P_7(x_7,\hat{u}) = 0 \cdot x_7,$

$P_8(x_8,\hat{u}) = 0 \cdot x_8,$ $\qquad$ $P_9(x_9,\hat{u}) = -0{,}11x_9,$

$P_{10}(x_{10},\hat{u}) = -0{,}1x_{10}.$

Eine optimale Lösung von $\max\limits_{0 \le x_j \le k_j} \{ P_j(x_j,\hat{u}) \}$ ist

$$\hat{x}_1 = \hat{x}_3 = \hat{x}_4 = 1, \; \hat{x}_2 = \hat{x}_5 = \hat{x}_6 = \hat{x}_7 = \hat{x}_8 = \hat{x}_9 = \hat{x}_{10} = 0.$$

$\hat{x}$ ist nicht zulässig. Eine zulässige Korrekturlösung ist

$x_1^* = x_3^* = x_4^* = 1,\ x_8^* = 70,\ x_9^* = 30,\ x_{10}^* = 56,$

$x_2^* = x_5^* = x_6^* = x_7^* = 0.$

Für diese erhält man $c_3^* = 88{,}15$ und als maximale Abweichung nach Satz 2.61

$$\bar{c}_3 - c_3^* \leq P_9(\hat{x}_9,\hat{u}) - P_9(x_9^*,\hat{u}) + P_{10}(\hat{x}_{10},\hat{u}) - P_{10}(x_{10}^*,\hat{u}) =$$

$$= 3{,}3 + 5{,}6 = 8{,}9.$$

Eine bessere Abschätzung ist mit Hilfe der endogenen Zinsfüße möglich, die sich ohne Berücksichtigung der Ganzzahligkeitsbedingungen ergeben. Bei Vernachlässigung der Ganzzahligkeitsbedingungen erhält man durch Anwendung des Simplexverfahrens als optimale Lösung:

$\bar{x}_1 = \bar{x}_4 = 0{,}5,\ \bar{x}_3 = 1,\ \bar{x}_8 = 20,\ \bar{x}_j = 0\ (j=2,5,6,7,9,10),$

$\bar{c}_3 = 92{,}675.$

Die endogenen Zinsfüße ergeben sich hieraus zu

$r_1 = 0{,}2,\ r_2 = r_3 = 0{,}15.$

Mit $u_0 = 1{,}2 \cdot 1{,}15^2$, $u_1 = 1{,}15^2$, $u_2 = 1{,}15$, $u_3 = 1$ ergibt sich nach Satz 2.72 für die Lösung (x^*, c_3^*):

$$\bar{c}_3 - c_3^* = P_9(\bar{x}_9,u) - P_9(x_9^*,u) + P_{10}(\bar{x}_{10},u) - P_{10}(x_{10}^*,u) =$$

$$= 1{,}725 + 2{,}8 = 4{,}525 = ABW.$$

Wegen

$$P_2(0,u) - P_2(1,u) = 10{,}35$$

sowie

$$P_3(1,u) - P_3(0,u) = 11{,}6$$

würde bei Berücksichtigung von Maßnahme 2 bzw. bei Herausnahme von Maßnahme 3 ABW in jedem Fall vergrößert.

$\bar{x}_2 = 0$, $\bar{x}_3 = 1$ ist somit auch unter Berücksichtigung der Ganzzahligkeitsbedingungen optimal.

Literatur

Dybrig, P.H.: Duality, Interest Rates, and the Theory of Present Value. Journal of Economic Theory 30 (1983), 98 - 114.

Hax, H.: Investitionstheorie. 5. Aufl., Würzburg Wien 1985.

Hellwig, K.: Die approximative Bestimmung optimaler Investitionsprogramme mit Hilfe der Kapitalwertmethode. Zeitschrift für betriebswirtschaftliche Forschung 28 (1976), 166 - 171.

Hellwig, K.: Mehrstufige Unternehmensplanung. Meisenheim 1976.

Manne, A.S.: Optimal Dividend and Investment Policies for a Self-Financing Business Enterprise. Management Science 15 (1968), 119 - 129.

Spremann, K.: The Simple Analytics of Arbitrage. In: G.Bamberg, K.Spremann (Hrsg.), Capital Market Equilibria. Berlin Heidelberg New York Tokyo 1986.

Trautmann, S.: Koordination dynamischer Planungssysteme. Wiesbaden 1981.

Weingartner, H.M.: The Generalized Rate of Return. Journal of Financial and Quantitative Analysis 1 (1966), 1 - 29.

Kapitel 3

Ressourcenbewertung bei kurzfristiger Planung

Entscheidungen über Realinvestitionen sind Entscheidungen über die Bereitstellung langfristig nutzbarer Kapazitäten.

Ob eine Realinvestition durchgeführt wird, hängt unter anderem davon ab, wie sie genutzt wird. Während im vorigen Kapitel für jede mögliche Kapazitätsentscheidung die Nutzung der Kapazität als bekannt vorausgesetzt wurde, steht in diesem Kapitel die Frage nach der optimalen Nutzung von Realinvestitionen im Vordergrund. Das hierzu in Abschnitt 3.1 formulierte Grundmodell unterscheidet sich von dem Grundmodell der Investitions- und Finanzierungsplanung auch dadurch, daß die Planung nur für eine Periode erfolgt und zeitliche Präferenzen nicht bestehen.

In Abschnitt 3.2 wird untersucht, inwieweit sich auf der Basis dieses Modells Verrechnungspreise aus den Marktpreisen der jeweils in Anspruch genommenen Ressourcen ableiten lassen.

Der Verrechnungspreis einer Ressource definiert das (interne) Angebot und die (interne) Nachfrage nach der Ressource. Variiert man den Verrechnungspreis, so erhält man die Angebots- und Nachfragefunktion der Ressource. Können Ressourcenangebot und -nachfrage zum Ausgleich gebracht werden, so ergibt sich mit dem Schnittpunkt der Angebots- und Nachfragefunktion der endogene Verrechnungspreis und damit die optimale Entscheidung. Möglichkeiten und Grenzen dieser Vorgehensweise werden in Abschnitt 3.3 behandelt.

Existiert für eine Ressource ein Marktpreis, so bedeutet dies nicht in jedem Fall, daß dieser zugleich eine Preisobergrenze bei nachträglicher Beschaffung der Ressource bildet. In Abschnitt 3.4

wird gezeigt, wie in Abhängigkeit von der jeweiligen Modellstruktur Preisobergrenzen abgeleitet werden können.

Kennt man für ein Entscheidungsproblem endogene Verrechnungspreise, so kann man hieraus die Preisuntergrenze für neue, bisher nicht berücksichtigte, Produktionsmaßnahmen (z.B. Zusatzaufträge) bestimmen. In Abschnitt 3.5 wird gezeigt, wie sich derartige Preisuntergrenzen ermitteln lassen.

Im Rahmen des betrieblichen Produktionsprozesses werden die in Produktionsstellen erbrachten Leistungen oft nicht (oder nur teilweise) am Markt veräußert, sondern an andere Produktionsstellen weitergeleitet. Welche Konsequenzen sich hieraus für die Bewertung der Stellen ergeben, ist Gegenstand von Abschnitt 3.6.

Abschließend wird analog zu Abschnitt 2.7 in Abschnitt 3.7 gezeigt, wie mit vorgegebenen Verrechnungspreisen eine hinreichend gute Lösung des Entscheidungsproblems ermittelt werden kann.

3.1 Grundmodell

Das im folgenden behandelte Modell ist ein einperiodiges Produktionsmodell mit m Produktionsmaßnahmen sowie Beschaffungsmöglichkeiten für einen Teil oder alle der intern genutzten Ressourcen. Es gelte:

(3.1) Annahmen

1. Zielfunktion ist die Maximierung des Deckungsbeitrages

$$DB(x,y) = e(x) - \sum_{i=1}^{n} k_i(y_i).$$

Dabei ist $e(x) = e(x_1,...,x_m)$ der in der Planungsperiode erzielte Erlös bei Realisation des Produktionsprogrammes x. $k_i(y_i)$ sind die in der Planungsperiode anfallenden Kosten von Ressource i (i=1,...,n).

2. Der Verbrauch $g_i(x)$ der Ressource i (i=1,...,n) ist bezüglich x_j (j=1,...,m) streng monoton wachsend, sofern die Ressource von Maßnahme j in Anspruch genommen wird.

3. Alle aus der Durchführung des Produktionsprogrammes und der Beschaffungsmaßnahmen resultierenden Zahlungen werden in der Planungsperiode realisiert.

4. Innerhalb der Planungsperiode besteht keine Zeitpräferenz. Eine Diskontierung von Zahlungen entfällt somit.

5. Für die Produktions- und Beschaffungsmaßnahmen sind neben Nichtnegativitätsbedingungen Obergrenzen zu beachten:

$$X := \{ x = (x_1,...,x_m) \mid 0 \le x \le c \},$$

$$Y := \{ y = (y_1,...,y_n) \mid 0 \le y \le d \}.$$

Unter diesen Annahmen ergibt sich eine optimale Entscheidung als Lösung der Optimierungsaufgabe

(3.2) $\max\limits_{\mathbf{x}\varepsilon\mathbf{X},\mathbf{y}\varepsilon\mathbf{Y}} \{ e(x) - \sum_{i=1}^{n} k_i(y_i) \mid \mathbf{g}(x) - \mathbf{y} \leq \mathbf{b} \}.$

b_i ist der von Ressource i verfügbare Bestand und beinhaltet etwa die in der Planungsperiode verfügbare Maschinenkapazität, die aus der Vorperiode noch vorhandenen Rohstoffbestände oder ein für die Planungsperiode vorgegebenes Budget.

Nach Annahme 3.1.3 ist die Lagerung und spätere Nutzung von in der Planungsperiode nicht verbrauchten Beständen ausgeschlossen. Daher ist im Falle überschüssiger Ressourcen der endogene Verrechnungspreis Null. Ist demgegenüber die Lagerung und spätere Nutzung (z.B. Veräußerung) überschüssiger Bestände möglich, so ist als Preisobergrenze der bei der zukünftigen Nutzung realisierte (ggf. diskontierte) Zahlungsüberschuß anzusetzen, sofern überschüssige Ressourcen in der laufenden Periode nicht produktiv genutzt werden (vgl. Beispiel 3.36).

Nach Einführung von Schlupfvariablen $x^2 := (x_{m+1},...,x_{m+n}) \geq \mathbf{0}$ zeigt ein Vergleich mit dem in Kapitel 1 behandelten Grundmodell, daß f(x) dem (pagatorischen) Deckungsbeitrag $e(x) - \sum_{i=1}^{n} k_i(y_i)$ und $\mathbf{g}(x)$ der vektorwertigen Funktion $\mathbf{g}(x) - \mathbf{y} + \mathbf{x}^2$ entspricht.

Nach dem in Kapitel 1 beschriebenen Vorgehen wird eine Entscheidung durch Maximierung der um den Werteverzehr bzw. -zuwachs korrigierten Zielfunktion abgeleitet.

Mit $VW(x,u) := e(x) - \mathbf{g}(x)u$ sowie $BW_i(y_i,u_i) := y_i u_i - k_i(y_i)$ erhält man die Optimierungsaufgaben

(3.3) $VW(u) := \max\limits_{\mathbf{x}\varepsilon\mathbf{X}} \{ VW(x,u) \},$

(3.4) $BW_i(u_i) := \max\limits_{0\leq y_i\leq d_i} \{ BW_i(y_i,u_i) \}.$

(3.5) Definitionen

1. VW(u) heißt **Verwendungswert**.

2. $BW_i(u_i)$ heißt **Beschaffungswert** (von Ressource i).

Sind $\bar{x}$ bzw. $\bar{y}$ optimale Lösungen von 3.3 bzw. 3.4 und gilt $\mathbf{g}(\bar{x}) - \bar{y} \le \mathbf{b}$ sowie $(\mathbf{b} - \mathbf{g}(\bar{x}) + \bar{y})\mathbf{u} = 0$, so ist $(\bar{x},\bar{y})$ nach Satz 1.14 unter Berücksichtigung von Satz 1.11 Optimallösung des Entscheidungsproblems 3.2 und **u** endogener Verrechnungspreisvektor.

Bezeichnet U die Menge der Verrechnungspreisvektoren, so ist jeder endogene Verrechnungspreisvektor nach 1.17 optimale Lösung von

$$(3.6) \quad \min_{\mathbf{u}\in U} \{ VW(\mathbf{u}) + \sum_{i=1}^{n} BW_i(u_i) + \mathbf{bu} \}.$$

Aufgrund der Konvexität von U sowie der Funktionen VW(**u**) und $BW_i(u_i)$ ist 3.6 eine konvexe Optimierungsaufgabe, deren Lösung im allgemeinen weniger Aufwand als die Lösung von 3.2 erfordert.

Ist e(x) eine konkave Funktion und sind $k_i(y_i)$ sowie **g**(x) konvexe Funktionen, so sind VW(x,**u**) und $BW_i(y_i,u_i)$ bezüglich x bzw. y_i konkav (i=1,...,n). Daher ist $\bar{x}$ im Falle der Differenzierbarkeit von e(x) und **g**(x) Optimallösung von 3.3, wenn für den "Grenzverwendungswert" von Produktionsmaßnahme j

$$GVW_j(\bar{x},\mathbf{u}) := \frac{\delta VW(\bar{x},\mathbf{u})}{\delta x_j} = \frac{\delta e(\bar{x})}{\delta x_j} - \frac{\delta \mathbf{g}(\bar{x})}{\delta x_j}\mathbf{u}$$

gilt:

$$(3.7) \quad \begin{array}{lll} \text{a)} & 0 \le \bar{x}_j \le c_j & \text{falls } GVW_j(\bar{x}_1,\dots,\bar{x}_{j-1},\bar{x}_j,\bar{x}_{j+1},\dots,\bar{x}_m,\mathbf{u}) = 0 \\ \text{b)} & \bar{x}_j = c_j & \text{falls } GVW_j(\bar{x}_1,\dots,\bar{x}_{j-1},c_j,\bar{x}_{j+1},\dots,\bar{x}_m,\mathbf{u}) > 0 \\ \text{c)} & \bar{x}_j = 0 & \text{falls } GVW_j(\bar{x}_1,\dots,\bar{x}_{j-1},0,\bar{x}_{j+1},\dots,\bar{x}_m,\mathbf{u}) < 0 \end{array}$$

Die Optimalitätsbedingungen 3.7 werden in Abbildung 3.9 verdeutlicht.

(3.8) Abbildung

Fall a

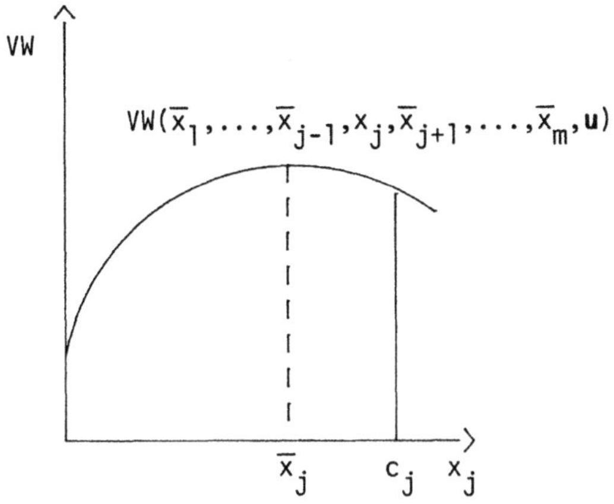

Fall b

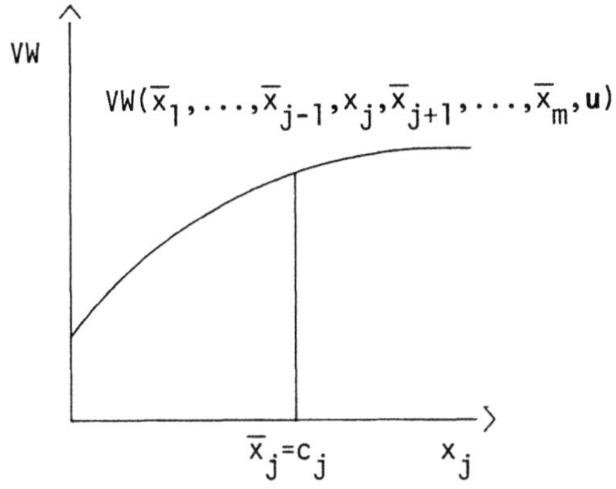

Fall c

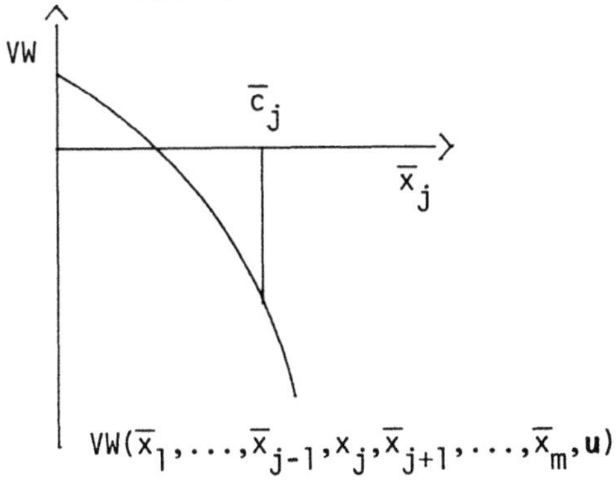

Entsprechend ist $\bar{y}_i$ im Falle der Differenzierbarkeit von $k_i(y_i)$ optimal für 3.4, wenn für den "Grenzbeschaffungswert" von Ressource i, $GBW_i(\bar{y}_i,u_i) := u_i - k_i'(\bar{y}_i)$ gilt:

$$
(3.9)\quad
\begin{array}{lll}
\text{a)} & 0 \le \bar{y}_i \le d_i & \text{falls } GBW_i(\bar{y}_i,u_i) = 0 \\
\text{b)} & \bar{y}_i = d_i & \text{falls } GBW_i(d_i,u_i) > 0 \\
\text{c)} & \bar{y}_i = 0 & \text{falls } GBW_i(0, u_i) < 0
\end{array}
$$

Im Falle $GBW_i(\bar{y}_i,u_i) = 0$ stimmen Grenzkosten (k_i') und Grenznutzen (u_i) überein.

Aufgrund der Konvexität von $k_i(y_i)$ ist $k_i'(y_i)$ monoton steigend. Sind die Grenzkosten bei maximaler Beschaffung kleiner als der Grenznutzen, so ist daher die Beschaffung bis zur Obergrenze durchzuführen. Sind dagegen die Grenzkosten bereits für $y_i = 0$ größer als der Grenznutzen, so ist eine Beschaffung nicht sinnvoll.

Die präferenzabhängige Bewertung der produktiv genutzten Ressourcen vereinfacht sich erheblich, wenn alle Produktionsmaßnahmen unabhängig voneinander durchgeführt werden können.

In diesem Fall gilt

$$e(x) = \sum_{j=1}^{m} e_j(x_j)$$

sowie

$$g_i(x) = \sum_{j=1}^{m} g_{ij}(x_j) \qquad (i=1,\ldots,n),$$

und 3.3 zerfällt in die Optimierungsaufgaben

$$(3.10)\quad VW_j(u) = \max_{0 \le x_j \le c_j} \{ VW_j(x_j,u) = e_j(x_j) - \sum_{i=1}^{n} g_{ij}(x_j)u_i \} \qquad (j=1,\ldots,m).$$

Der folgende Satz entspricht den Sätzen 2.9 und 2.11 aus dem 2. Kapitel.

(3.11) Satz

Die Optimallösung $\bar{x}_j(u)$ von 3.10 ist bezüglich der Verrechnungspreise von in Anspruch genommenen Ressourcen monoton fallend. Die Optimallösung $\bar{y}_i(u_i)$ von 3.4 ist monoton wachsend.

Beweis

Ressource k werde von Maßnahme j in Anspruch genommen. $\bar{x}_j(\bar{u})$ sowie $\hat{x}_j(\hat{u})$ seien optimale Lösungen von 3.10 mit $\bar{u}_k > \hat{u}_k$ und $\bar{u}_i = \hat{u}_i$ sonst. Zu zeigen ist: $\bar{x}_j \leq \hat{x}_j$. Es gilt:

$$e_j(\bar{x}_j) - \sum_{i=1}^{n} g_{ij}(\bar{x}_j)\bar{u}_i \geq e_j(\hat{x}_j) - \sum_{i=1}^{n} g_{ij}(\hat{x}_j)\bar{u}_i \text{ d.h.}$$

$$e_j(\bar{x}_j) - e_j(\hat{x}_j) \geq \sum_{i=1}^{n} (g_{ij}(\bar{x}_j) - g_{ij}(\hat{x}_j))\bar{u}_i.$$

Anolog ergibt sich:

$$e_j(\bar{x}_j) - e_j(\hat{x}_j) \leq \sum_{i=1}^{n} (g_{ij}(\bar{x}_j) - g_{ij}(\hat{x}_j))\hat{u}_i.$$

Hieraus folgt:

$$(g_{kj}(\bar{x}_j) - g_{kj}(\hat{x}_j))\hat{u}_k \geq (g_{kj}(\bar{x}_j) - g_{kj}(\hat{x}_j))\bar{u}_k.$$

Mit Annahme 3.1.2 folgt die Behauptung.

Sind $\bar{y}_i(\bar{u}_i)$ und $\hat{y}(\hat{u})$ optimale Lösungen von 3.4 mit $\bar{u}_i > \hat{u}_i$, so gilt:

$$\bar{u}_i\bar{y}_i - k_i(\bar{y}_i) \geq \bar{u}_i\hat{y}_i - k_i(\hat{y}_i) \text{ sowie}$$
$$\hat{u}_i\hat{y}_i - k_i(\hat{y}_i) \geq \hat{u}_i\bar{y}_i - k_i(\bar{y}_i).$$

Hieraus folgt $(\bar{u}_i - \hat{u}_i)(\bar{y}_i - \hat{y}_i) \geq 0$ und damit $\bar{y}_i \geq \hat{y}_i$.

Eine Erhöhung von Verrechnungspreisen bedeutet somit, daß die Vorteilhaftigkeit der Produktionsmaßnahmen ab- und die Vorteilhaftigkeit der Beschaffungsmaßnahmen zunimmt.

3.2 Verrechnungspreise und Marktpreise

Können intern genutzte Ressourcen extern veräußert oder nachbeschafft werden, so lassen sich aus der Höhe der Ein- und Verkaufspreise Rückschlüsse über die Höhe der Verrechnungspreise ziehen.

Zur Ableitung von Beziehungen zwischen Verrechnungs- und Marktpreisen sei im folgenden angenommen, daß für die Ressource k die Möglichkeit der Beschaffung und Veräußerung besteht. Ist

s_k der Beschaffungspreis je Ressourceneinheit,
s_k' der Veräußerungspreis je Ressourceneinheit,
y_k die Beschaffungsmenge sowie
y_k' die Veräußerungsmenge,

so erhält man die optimale Entscheidung über die Beschaffung oder Veräußerung der Ressource bei Kenntnis des endogenen Verrechnungspreises u_k als Lösung der Optimierungsaufgaben:

$$\text{(3.12)} \quad \max_{0 \le y_k \le d_k} \{ BW_k(y_k, u_k) = -s_k y_k + u_k y_k \},$$

$$\text{(3.13)} \quad \max_{y_k' \ge 0} \{ VW_k(y_k', u_k) = s_k' y_k' - u_k y_k' \}.$$

Dabei wird unterstellt, daß die Veräußerung unbeschränkt möglich ist und daß sowohl der Beschaffungs- als auch der Veräußerungspreis von der Beschaffungs- bzw. Veräußerungsmenge unabhängig ist.

Ist letzteres nicht der Fall, so gilt allgemeiner

$BW_k(y_k, u_k) = -s_k(y_k) y_k + u_k y_k$ bzw.

$VW_k(y_k', u_k) = s_k'(y_k') y_k' - u_k y_k'$.

In diesem Fall sind die folgenden Aussagen entsprechend zu modifizieren.

Besteht für die Ressource ein vollkommener Markt, so gilt $s_k = s'_k =: s$ sowie $d_k = \infty$. In diesem Fall besitzen 3.12 und 3.13 nur dann endliche Optimallösungen wenn der Verrechnungspreis u_k mit dem Marktpreis s übereinstimmt.

Besteht für die Ressource kein vollkommener Markt, so können folgende Fälle unterschieden werden (Heinen 1985, S. 429ff.):

<u>Fall 1</u>

Es ist kein Bestand vorhanden ($b_k = 0$), die Beschaffung der Ressource ist unbeschränkt möglich ($d_k = \infty$).

<u>Fall 2</u>

Ein Bestand ist nicht vorhanden ($b_k = 0$), die Beschaffung ist beschränkt möglich ($0 < d_k < \infty$).

<u>Fall 3</u>

Ein Bestand ist vorhanden ($b_k > 0$), die Beschaffung jedoch nicht möglich ($d_k = 0$).

<u>Fall 4</u>

Ein Bestand ist vorhanden ($b_k > 0$), die Beschaffung ist unbeschränkt möglich ($d_k = \infty$).

<u>Fall 5</u>

Ein Bestand ist vorhanden, die Beschaffung ist beschränkt möglich ($0 < d_k < \infty$).

Für alle Fälle ergibt sich aus 3.12 und 3.13:

1. Der Veräußerungspreis ist eine Untergrenze für den Verrechnungspreis.
2. Wird die Ressource beschafft, so stimmen Verrechnungs- und Beschaffungspreis überein, sofern die Beschaffungsgrenze nicht ausgeschöpft wird.

3. Wird die Beschaffungsgrenze ausgeschöpft, so ist der Beschaffungspreis eine Untergrenze für den Verrechnungspreis.

(3.14) <u>Beispiel</u>

Zur Herstellung von zwei Produkten P1 und P2 werden eine Maschine A sowie die Rohstoffe B und C benötigt.

A kann nur gemietet werden, B und C müssen am Markt beschafft werden. Die Verbrauchsfunktionen seien linear. Die Produktionskoeffizienten, Beschaffungs- und Absatzpreise sowie die maximalen Beschaffungs- und Absatzmengen seien wie folgt gegeben:

	P1	P2	Beschaffungspreis	Max. Beschaffungsmenge
A	0,5 h/PE	0,25 h/PE	40 DM/h	1000 h
B	1 ME/PE	-	100 DM/ME	1500 ME
C	-	1,6 ME/PE	50 DM/ME	3200 ME
c_j	∞	∞		
p_j	220 DM/PE	190 DM/PE		

h = Stunden,
PE = Produkteinheit,
ME = Mengeneinheit (des jeweiligen Rohstoffes),
c_j = maximale Absatzmenge von Produkt j,
p_j = Absatzpreis von Produkt j.

Die Entscheidungssituation entspricht somit dem zuvor genannten Fall 2.

Die optimale Produktions- und Beschaffungsentscheidung ist Lösung der folgenden Optimierungsaufgabe:

$$\max: 220x_1 + 190x_2 - 40y_1 - 100y_2 - 50y_3 \quad \text{u.d.B.}$$

$$0{,}5x_1 + 0{,}25x_2 - y_1 \le 0$$

$$x_1 - y_2 \le 0$$

$$1{,}6x_2 - y_3 \le 0$$

$$0 \le y_1 \le 1000$$

$$0 \le y_2 \le 1500$$

$$0 \le y_3 \le 3200$$

$$0 \le x_1, x_2$$

Der Stückdeckungsbeitrag von P1 errechnet sich daher zu $220 - 0{,}5 \cdot 40 - 100 = 100$ und der Stückdeckungsbeitrag von P2 zu $190 - 0{,}25 \cdot 40 - 1{,}6 \cdot 50 = 100$. Der produktbezogene Deckungsbeitrag pro Maschinenstunde beträgt daher 200 bzw. 400. Somit ist die Produktionsreihenfolge P2 -> P1 (Diese Vorgehensweise ist nur deshalb möglich, weil es nur einen Engpaß gibt, der von beiden Produkten in Anspruch genommen wird.). Unter Berücksichtigung der Ressourcenbeschränkungen ergibt dies eine optimale Produktionsmenge für P1 (P2) in Höhe von 1000 (2000) Einheiten.

Zur Realisation des Produktionsprogrammes werden 1000 Maschinenstunden, 1000 ME von B und 3200 ME von C beschafft. Da von B die maximale Beschaffungsmenge nicht realisiert wird, entspricht der endogene Verrechnungspreis für B, u_B, dem Beschaffungspreis 100. Die endogenen Verrechnungspreise für A und C, u_A und u_C ergeben sich wie folgt:

$\bar{x}_1 = 1000$ ist optimale Lösung von

$$\max_{0 \le x_1} \{ VW_1(x_1, u) = (220 - 0{,}5u_A - u_B)x_1 = (220 - 0{,}5u_A - 100)x_1 \}.$$

Hieraus folgt $u_A = 240$.

Entsprechend folgt $u_C = 81,25$ aus

$$\max_{0 \le x_2} \{ VW_2(x_2,u) = (190 - 0,25u_A - 1,6u_C)x_2 =$$
$$= (190 - 60 - 1,6u_C)x_2 \}$$

und $\bar{x}_2 = 2000$.

Der Vergleich mit den Beschaffungspreisen zeigt, daß die endogenen Verrechnungspreise der Ressourcen A und C größer als die entsprechenden Beschaffungspreise sind. Hieraus ist zu folgern, daß eine zusätzliche Beschaffung bis zu einem Preis in Höhe von 240 DM für A bzw. 81,25 DM für C eine Deckungsbeitragserhöhung bewirken würde. u_A und u_B sind daher die Preisobergrenzen des Faktors A bzw. B (vgl. Abschnitt 3.4).

3.3 Angebots- und Nachfragefunktionen

Angebot und Nachfrage eines Gutes hängen von seinem Preis ab, wobei in der Regel das Güterangebot mit dem Preis steigt und die Güternachfrage mit dem Preis fällt.

Dieser Sachverhalt soll im folgenden auf die interne Nutzung von Ressourcen übertragen werden. Hierzu sei angenommen, daß zum Zeitpunkt der Planung keine Bestände verfügbar sind und alle Ressourcen bis auf eine unbeschränkt beschafft werden können.

Unter dieser Annahme lautet das zu lösende Entscheidungsproblem

(3.15) $$\max_{\substack{0 \le x \le c \\ 0 \le y \le d}} \{ e(x) - k(x) - q(y) \mid g(x) - y = 0 \}.$$

Dabei sind k(x) die bei Realisation des Produktionsprogrammes x verursachten Auszahlungen für die unbeschränkt nachbeschaffbaren Ressourcen und q(y) die Auszahlungen für die Beschaffung von y Einheiten der nur beschränkt nachbeschaffbaren Ressource.

Es seien $\bar{x}(u)$ und $\bar{y}(u)$ optimale Lösungen von

(3.16) $$\max_{0 \le x \le c} \{ VW(x,u) = e(x) - k(x) - g(x)u \} \text{ bzw.}$$

(3.17) $$\max_{0 \le y \le d} \{ BW(y,u) = yu - q(y) \}.$$

(3.18) <u>Definition</u>

$N(u) := g(\bar{x}(u))$ heißt **Nachfragefunktion**,

$A(u) := \bar{y}(u)$ heißt **Angebotsfunktion**.

<u>Bemerkung</u>

Mit $\bar{x}(u)$ und $\bar{y}(u)$ sind auch N(u) und A(u) mengenwertige Abbildungen.

(3.19) Satz

N(u) ist monoton fallend.
A(u) ist monoton wachsend.

Beweis (vgl. auch Satz 3.11)

Es seien $\hat{x}(\hat{u})$ und $\bar{x}(\bar{u})$ optimale Lösungen von 3.16 für $u = \hat{u}$ bzw. $u = \bar{u}$ mit $\bar{u} > \hat{u}$. Dann gilt:

$e(\hat{x}) - k(\hat{x}) - g(\hat{x})\hat{u} \geq e(\bar{x}) - k(\bar{x}) - g(\bar{x})\hat{u}$ sowie

$e(\bar{x}) - k(\bar{x}) - g(\bar{x})\bar{u} \geq e(\hat{x}) - k(\hat{x}) - g(\hat{x})\bar{u}$.

Hieraus folgt $(g(\bar{x}) - g(\hat{x}))\hat{u} \geq (g(\bar{x}) - g(\hat{x}))\bar{u}$ und damit wegen $\bar{u} > \hat{u} : g(\hat{x}) \geq g(\bar{x})$.

Analog folgt, daß A(u) monoton wachsend ist.

Gibt es einen Verrechnungspreis $\bar{u}$ mit $g(\bar{x}(\bar{u})) = \bar{y}(\bar{u})$, so ist dieser endogener Verrechnungspreis und $(\bar{x},\bar{y})$ optimale Lösung von 3.15. Haben N(u) und A(u) keinen Punkt gemeinsam, so existiert kein endogener Verrechnungspreis. Die Lösung von 3.15 kann dann durch eine Dekomposition des Entscheidungsproblems ermittelt werden. Dabei wird zunächst die parametrische Optimierungsaufgabe

(3.20) $DB_{max}(h) := \max_{0 \leq x \leq c} \{ e(x) - k(x) \mid g(x) \leq h \}$

gelöst.

$DB_{max}(h)$ gibt an, welcher Deckungsbeitrag bei optimaler Allokation des Ressourcenbestandes h höchstens erzielt werden kann. h_{max} sei der Bestand, ab dem eine weitere Erhöhung des Deckungsbeitrages nicht mehr möglich ist. Eine optimale Lösung von 3.15 ist dann Lösung von

(3.21) $\max_{0 \leq h \leq h^*} \{ DB_{max}(h) - q(h) \}$ mit $h^* := \min \{d, h_{max}\}$.

Bemerkung

Die Dekomposition führt natürlich auch im Falle der Existenz eines endogenen Verrechnungspreises zu einer Lösung des Entscheidungsproblems.

(3.22) Beispiel (Programmplanung bei zeitlicher und quantitativer Anpassung)

Auf zwei funktionsgleichen Maschinen können vier Produkte P1-P4 gefertigt werden. Es gelte:

	P1	P2	P3	P4
p_j	60	55	68	15
k_j	10	15	8	5
c_j	4	4	4	4
a_j	2	2	4	1

(p_j, k_j, c_j, a_j: Stückpreis, Stückkosten, Absatzgrenze, Produktionskoeffizient von Produkt j).

Maschinendaten

1. Maschine 1 hat eine Betriebszeit von 10h und Betriebskosten in Höhe von 13 DM/h.
2. Maschine 1 kann maximal 4 Stunden zusätzlich betrieben werden. Dabei entstehen zusätzliche (Lohn-) Kosten in Höhe von 3 DM/h.
3. Maschine 2 hat eine Betriebszeit von 10h und Betriebskosten in Höhe von 14 DM/h.

Die in 1-3 aufgeführten Kosten sind nicht in k_j enthalten ($j=1,...,4$).

Eine optimale Entscheidung ist Lösung der folgenden Optimierungsaufgabe:

$$\max: 50x_1 + 40x_2 + 60x_3 + 10x_4 - 13y_1 - 14y_2 - 16y_3$$

u.d.B.

$$\begin{aligned} 2x_1 + 2x_2 + 4x_3 + x_4 - y_1 - y_2 - y_3 &\le 0 \\ 0 \le x_1,\ldots,x_4 &\le 4 \\ 0 \le y_1, y_2 &\le 10 \\ 0 \le y_3 &\le 4 \end{aligned}$$

Entsprechend 3.20 errechnet sich $DB_{max}(h)$ zu

$$DB_{max}(h) = \begin{cases} 25h & \text{für } 0 \le h \le 8 \\ 20h + 40 & \text{für } 8 \le h \le 16 \\ 15h + 120 & \text{für } 16 \le h \le 32 \\ 10h + 280 & \text{für } 32 \le h \le 36 \end{cases}$$

Für $h > 36$ ist keine weitere Deckungsbeitragserhöhung möglich. Es gilt daher $h_{max} = 36$.

Mit

$$q(h) = \begin{cases} 13h & \text{für } 0 \le h \le 10 \\ 14h - 10 & \text{für } 10 \le h \le 20 \\ 16h - 50 & \text{für } 20 \le h \le 24 \end{cases}$$

und $d = 24$ folgt

$$DB_{max}(h) - q(h) = \begin{cases} 12h & \text{für } 0 \le h \le 8 \\ 7h + 40 & \text{für } 8 \le h \le 10 \\ 6h + 50 & \text{für } 10 \le h \le 16 \\ h + 130 & \text{für } 16 \le h \le 20 \\ -h + 170 & \text{für } 20 \le h \le 24 \end{cases}$$

sowie $h^* = 24$.

$$\max_{0<h\le 24} \{ DB_{max}(h) - q(h) \} \text{ wird für } \bar{h} = 20 \text{ angenommen.}$$

Bei dieser Fertigungszeit werden P1 und P2 bis zur Absatzobergrenze sowie von P3 eine Einheit gefertigt. Zur

Realisation des Produktionsprogrammes werden Maschine 1 und 2 jeweils 10 Stunden betrieben. Eine zeitliche Anpassung von Maschine 1 ist nicht sinnvoll.

(3.23) Abbildung

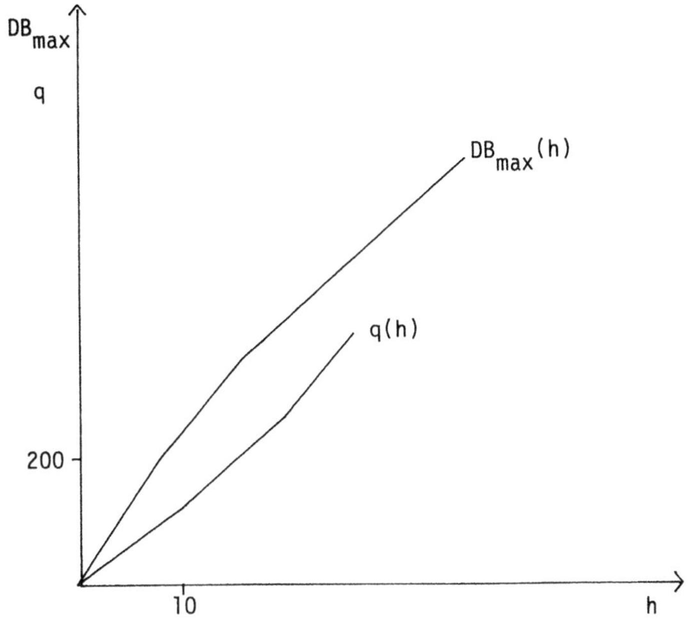

(3.24) Abbildung

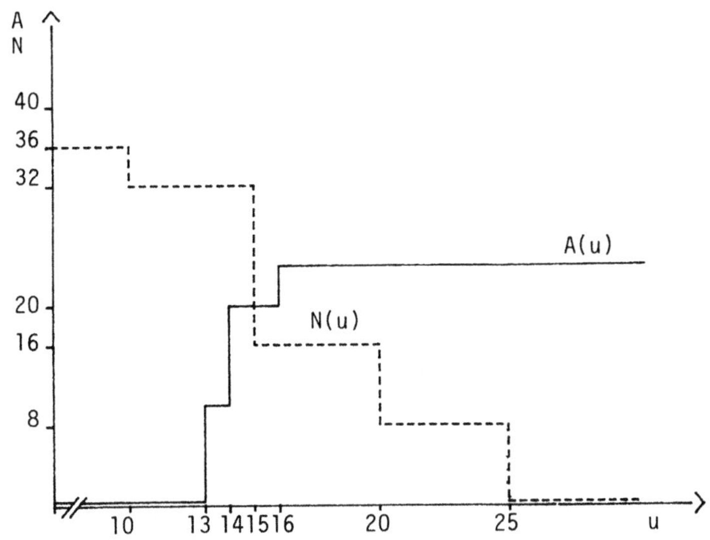

In Abbildung 3.23 wird der Verlauf von DB_{max} und q wiedergegeben. Abbildung 3.24 beschreibt den Verlauf der Angebots- und Nachfragefunktion. Für u = 15 stimmen Angebot und Nachfrage überein. Der endogene Verrechnungspreis beträgt daher 15 DM/h.

Nach Satz 3.19 ist die Nachfragefunktion monoton fallend und die Angebotsfunktion monoton steigend. Weitergehende Aussagen über den Verlauf dieser Funktionen lassen sich unter Ausnutzung der Struktur des jeweils vorliegenden Entscheidungsproblems machen.

Im folgenden sei angenommen, daß zwischen den Produktionsmaßnahmen keine Erlös-, Kosten- oder Verbrauchsabhängigkeiten bestehen.

Sind $e_j(x_j)$, $k_j(x_j)$ und $g_j(x_j)$ die Erlöse, variablen (entscheidungsrelevanten) Kosten und der Ressourcenverbrauch von Maßnahme j, so setzt sich der Verwendungswert additiv aus den Verwendungswerten der einzelnen Produktionsmaßnahmen j=1,...,m zusammen:

$$(3.25) \quad VW_j(u) := \max_{0 \le x_j \le c_j} \{ VW_j(x_j,u) = e_j(x_j) - k_j(x_j) - g_j(x_j)u \}.$$

Die Nachfragefunktion ergibt sich damit durch Lösung der m bzgl. u parametrischen Optimierungsaufgaben 3.25, was im Einzelfall zu einer wesentlichen Reduzierung des Rechenaufwandes führen kann.

Sind insbesondere die Kosten-, Verbrauchs- und Nachfragefunktionen der Produkte linear, d.h. gilt für j=1,...,m:

$$(3.26) \quad k_j(x_j) = k_j x_j, \quad g_j(x_j) = g_j x_j, \quad e_j(x_j) = (a_j - b_j x_j)x_j$$

$$(k_j,\ g_j,\ a_j,\ b_j > 0),$$

so ist $\bar{x}_j$ optimale Lösung von 3.25, wenn mit

$$s_j(x_j) := \frac{a_j - k_j}{g_j} - \frac{2b_j}{g_j} x_j \quad \text{gilt:}$$

$$\begin{array}{lll} \bar{x}_j = 0 & \text{falls} & s_j(0) < u \\ 0 \le \bar{x}_j \le c_j & \text{falls} & s_j(\bar{x}_j) = u \\ \bar{x}_j = c_j & \text{falls} & s_j(c_j) > u \end{array} \tag{3.27}$$

$s_j(x_j)$ ist der spezifische Grenzdeckungsbeitrag von Produkt j und erreicht für $x_j = 0$ sein Maximum.

Löst man das Entscheidungsproblem über die Optimierungsaufgabe 3.20, so erhält man $DB_{max}(h)$, indem bei Erhöhung von h sukzessiv Produktionsmaßnahmen mit fallendem spezifischen Deckungsbeitrag zum Prohibitivpreis, $(a_j - k_j)/g_j =: s_j'$, in das Programm aufgenommen werden. s_j' ist somit ein Maß für die Vorteilhaftigkeit der Produktionsmaßnahmen. Da die Optimallösungen $\bar{x}_j(u)$ stückweise linear sind, folgt, daß auch die Nachfragefunktion stückweise linear ist.

(3.28) <u>Beispiel</u>

$e_1(x_1) = (2 - 0{,}5x_1)x_1$,
$e_2(x_2) = (3 - 0{,}5x_2)x_2$,
$k_1 = k_2 = 1$, $g_1 = 1$, $g_2 = 4$, $c_1 = c_2 = \infty$.
Eine Beschaffung der Ressource ist nicht möglich.

Es gilt: $s_1' = 1$, $s_2' = 0{,}5$,
d.h. bei knappem Ressourcenbestand wird zunächst Maßnahme 1 realisiert. Die Grenzverwendungswerte ergeben sich zu
$GVW_1(x_1,u) = 1 - x_1 - u$,
$GVW_2(x_2,u) = 2 - x_2 - 4u$.

Hieraus folgt für die optimale Lösung $(\bar{x}_1,\bar{x}_2)$ in Abhängigkeit von u:

Für $0 \le u < 0{,}5$ gilt: $\bar{x}_1(u) = 1 - u$, $\bar{x}_2(u) = 2 - 4u$.

Für $0{,}5 \le u < 1$ gilt: $\bar{x}_1(u) = 1 - u$, $\bar{x}_2(u) = 0$.

Für $1 \le u$ gilt: $\bar{x}_1(u) = \bar{x}_2(u) = 0$.

Hieraus ergibt sich die Nachfragefunktion

$N(u) = \bar{x}_1(u) + 4\bar{x}_2(u)$ zu

$$N(u) = \begin{cases} 9 - 17u & \text{für} \quad 0 \le u < 0{,}5 \\ 1 - u & \text{für} \quad 0{,}5 \le u < 1 \\ 0 & \text{für} \quad 1 \le u \end{cases}$$

In den beiden folgenden Beispielen existiert kein endogener Verrechnungspreis.

(3.29) Beispiel (Programmplanung bei Preisstaffelung für Produktionsfaktoren)

Für die Fertigung der Produkte P1, P2 und P3 wird ein Rohstoff benötigt, von dem maximal 14 Einheiten beschafft werden können. Ein Bestand ist nicht vorhanden. Werden weniger als 10 Einheiten beschafft, so beträgt der Stückpreis 6 DM, darüber hinaus beträgt der Stückpreis 5 DM. In Abhängigkeit von der beschafften Menge h des Rohstoffes ergibt sich hieraus die Kostenfunktion

$$q(h) = \begin{cases} 6h & \text{für} \quad 0 \le h < 10 \\ 5h & \text{für} \quad 10 \le h \le 14. \end{cases}$$

Die übrigen entscheidungsrelevanten Daten sind:

	P1	P2	P3
DB_j	14	12	9
a_j	2	3	3
c_j	4	4	4

(DB_j, a_j, c_j: Stückdeckungsbeitrag, Rohstoffverbrauch pro Produkteinheit, Absatzobergrenze für Produkt j).

Die Beschaffungskosten seien nicht in den Stückdeckungsbeiträgen berücksichtigt.

(3.30) Abbildung

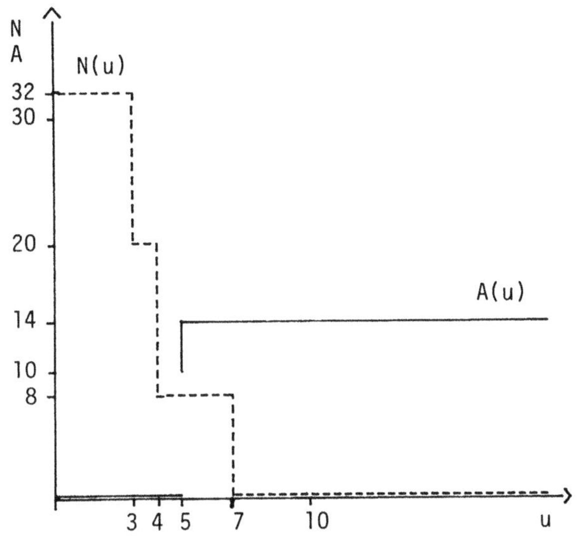

Es gibt keinen Verrechnungspreis, für den Angebot und Nachfrage übereinstimmen (vgl. Abb. 3.30). Eine optimale Lösung wird daher durch eine Dekomposition des Entscheidungsproblems entsprechend 3.21 ermittelt.

Man erhält:

$$DB_{max}(h) = \begin{cases} 7h & \text{für} \quad 0 \leq h < 8 \\ 4h + 24 & \text{für} \quad 8 \leq h < 20 \\ 3h + 44 & \text{für} \quad 20 \leq h \leq 32 \end{cases}$$

$$DB_{max}(h) - q(h) = \begin{cases} h & \text{für} \quad 0 \leq h < 8 \\ -2h + 24 & \text{für} \quad 8 \leq h < 10 \\ -h + 24 & \text{für} \quad 10 \leq h \leq 24 \end{cases}$$

Als optimaler Ressourcenbestand ergibt sich $\bar{h} = 10$. Für diesen Bestand lautet die optimale Lösung:

$\bar{x}_1 = 4$, $\bar{x}_2 = 2/3$, $\bar{x}_3 = 0$, $\bar{y} = 10$.

(3.31) <u>Beispiel</u> (Programmplanung bei quantitativer Anpassung)

Zur Fertigung von 4 Produkten P1,...,P4 können zwei funktionsgleiche Maschinen M1 und M2 eingesetzt werden. M1 verursacht Betriebskosten in Höhe von 16 DM/h. M2 verursacht Betriebskosten in Höhe von 20 DM/h sowie bei Inbetriebnahme Fixkosten in Höhe von 18 DM. Sowohl M1 als auch M2 können jeweils maximal 10 h eingesetzt werden, wobei die Mindestbetriebszeit von M2 aus technischen Gründen 1h beträgt.

Weitere Daten:

	P1	P2	P3	P4
p_j	100	70	80	40
k_j	50	30	20	30
a_j	2	2	4	1
c_j	6	4	2	2

(p_j, k_j, a_j, c_j: Preis, variable Stückkosten, Maschinenstunden pro Produkteinheit, maximale Absatzmenge von Produkt j).

Berücksichtigt man, daß erst M1 und anschließend M2 eingesetzt wird, so ergibt sich die Kostenfunktion zu

$$q(h) = \begin{cases} 16h & \text{für} \quad 0 \leq h \leq 10 \\ 198 & \text{für} \quad 10 < h < 11 \\ 20h - 22 & \text{für} \quad 11 \leq h \leq 20 \end{cases}$$

(3.32) Abbildung

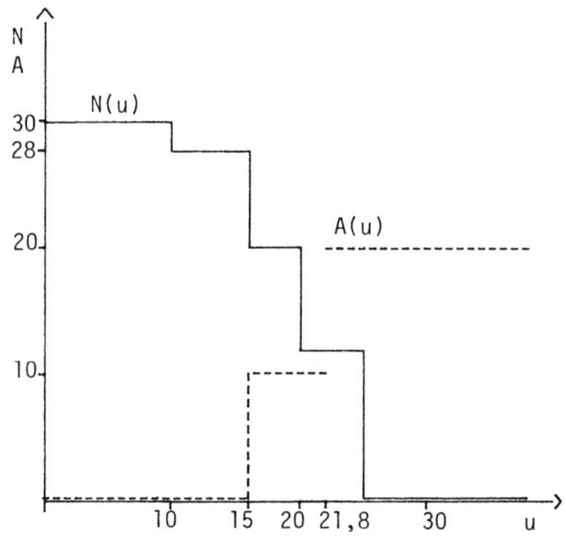

Abbildung 3.32 verdeutlicht den Verlauf der Angebots- sowie der Nachfragefunktion. Ein endogener Verrechnungspreis existiert nicht.

Entsprechend 3.21 erhält man:

$$DB_{max}(h) - q(h) = \begin{cases} 9h & \text{für} \quad 0 \leq h \leq 10 \\ 25h - 198 & \text{für} \quad 10 < h \leq 11 \\ 5h + 22 & \text{für} \quad 11 < h \leq 12 \\ 82 & \text{für} \quad 12 < h \leq 20 \end{cases}$$

Als Optimalwert ergibt sich $\bar{h} = 10$. Bei dieser Fertigungszeit werden lediglich 5 Einheiten von P1 gefertigt und hierzu M1 mit maximaler Fertigungszeit eingesetzt.

3.4 Preisobergrenzen

Vielfach stellt sich nach der Ermittlung eines optimalen Produktionsprogrammes die Frage, ob und gegebenfalls zu welchen Konditionen eine bisher nicht berücksichtigte Beschaffungsmaßnahme für einen Produktionsfaktor vorgenommen werden soll. Es ist dann zu klären, welcher Preis bei Durchführung der Maßnahme gerade noch akzeptiert werden kann.

Kennt man für einen Faktor i die Menge U_i der endogenen Verrechnungspreise bei gegebenen Beschaffungsmöglichkeiten, so erhält man mit $u_i := \min \{ u \in U_i \}$ die absolute Preisobergrenze des Faktors. Das heißt, daß eine zusätzliche Beschaffung grundsätzlich nur dann sinnvoll ist, sofern der Beschaffungspreis den endogenen Verrechnungspreis u_i nicht übersteigt.

Dies gilt allerdings nur in Bezug auf das in Abschnitt 3.1 formulierte Grundmodell, da unter Umständen zur Lösung des Entscheidungsproblems auch alternative Modellformulierungen zugrunde gelegt werden können.

Sind für einen Teil der Ressourcen, etwa die n_1 ersten Ressourcen, keine Lagerbestände vorhanden, so lassen sich die Beschaffungskosten für diese Ressourcen direkt auf die Produktionsmaßnahmen verrechnen.

Mit $Y_2 := \{ y^2 := (y_{n_1+1},\ldots,y_n) \mid 0 \le y_i \le d_i \ (i=n_1+1,\ldots,n) \}$ ergibt sich dann die Modellformulierung

$$(3.33) \qquad \max_{\mathbf{x}\in\mathbf{X},\mathbf{y}^2\in\mathbf{Y}_2} \{ e(x) - \sum_{i=1}^{n_1} k_i(g_i(x)) - \sum_{i=n_1+1}^{n} k_i(y_i) \mid$$

$$g_i(x) \le d_i \qquad (i=1,\ldots,n_1),$$

$$g_i(x) - y_i \le b_i \qquad (i=n_1+1,\ldots,n) \}.$$

Da 3.33 die gleiche optimale Lösung $(\bar{x},\bar{y})$ wie die Modellformulierung 3.2 besitzt (es gilt dann $\bar{y}_i = g_i(\bar{x})$ $(i=1,\ldots,n_1)$) stellt sich die Frage, wie die Preisobergrenzen der Ressourcen aus der Optimierungsaufgabe 3.33 abgeleitet werden können.

Ist v_i endogener Verrechnungspreis der Ressource i für die Modellformulierung 3.33 und u_i endogener Verrechnungspreis für die Modellformulierung 3.2, so besteht folgender Zusammenhang:

(3.34) Satz

Sind die Funktionen $e(x)$, $g_i(x)$ und $k_i(y_i)$ differenzierbar $(i=1,\ldots,n)$, so gilt:

$$u_i = k_i'(\bar{y}_i) + v_i \qquad (i=1,\ldots,n_1),$$
$$u_i = v_i \qquad (i=n_1+1,\ldots,n).$$

Beweis

Für 3.33 ergibt sich der Verwendungswert
$(v := (v_1,\ldots,v_n))$

$$VW^*(x,v) = e(x) - \sum_{i=1}^{n_1} k_i(g_i(x)) - g(x)v.$$

Für den Grenzverwendungswert erhält man:

$$GVW_j^*(\bar{x},v) = \frac{\delta e(\bar{x})}{\delta x_j} - \sum_{i=1}^{n_1} k_i'(\bar{y}_i)\,\frac{\delta g_i(\bar{x})}{\delta x_j} - \sum_{i=1}^{n} \frac{\delta g_i(\bar{x})}{\delta x_j}\, v_i =$$

$$= \frac{\delta e(\bar{x})}{\delta x_j} - \sum_{i=1}^{n_1} (k_i'(\bar{y}_i) + v_i)\,\frac{\delta g_i(\bar{x})}{\delta x_j} - \sum_{i=n_1+1}^{n} \frac{\delta g_i(\bar{x})}{\delta x_j}\, v_i .$$

Daher folgt mit

$$u_i = k_i'(\bar{y}_i) + v_i \qquad (i=1,\ldots,n_1),$$

$$u_i = v_i \qquad (i=n_1+1,\ldots,n):$$

$$GVW_j^*(\bar{x},v) = GVW_j(\bar{x},u) \qquad (j=1,\ldots,m).$$

Die Beziehung zwischen den endogenen Verrechnungspreisen der beiden Modellformulierungen läßt sich folgendermaßen verdeutlichen:

Wird in 3.33 die Beschaffungsobergrenze d_s um eine marginale Einheit erhöht, so wächst der optimale Zielfunktionswert um v_s. In v_s ist die Kostenerhöhung $k_s'(d_s)$ bereits berücksichtigt. Die Preisobergrenze ist somit um $k_s'(d_s)$ höher als v_s und liegt im Falle $v_s > 0$ über den Grenzkosten.

(3.35) <u>Beispiel</u>

Verrechnet man in Beispiel 3.14 die Kosten für die Nutzung der Faktoren A, B und C auf die Produktionsmaßnahmen, so ergibt sich folgende Optimierungsaufgabe:

$$\max: (220 - 0{,}5 \cdot 40 - 100)x_1 + (190 - 0{,}25 \cdot 40 - 1{,}6 \cdot 50)x_2 =$$

$$= 100x_1 + 100x_2 \qquad \text{u.d.B.}$$

$$0{,}5x_1 + 0{,}25x_2 \leq 1000$$

$$x_1 \leq 1500$$

$$1{,}6x_2 \leq 3200$$

$$x_1, x_2 \geq 0$$

Die Optimallösung stimmt mit der optimalen Lösung von Beispiel 3.14 überein. Es gilt: $\bar{x}_1 = 1000$, $\bar{x}_2 = 2000$. Als endogener Verrechnungspreis für den Faktor B ergibt sich $v_2 = 0$. v_1 und v_3 erhält man wie folgt:

Es muß gelten:

$$\max_{x_1 \geq 0} \{ VW_1^* (x_1, v) = (100 - 0{,}5v_1 - v_2)x_1 \} = 0,$$

$$\max_{x_2 \geq 0} \{ VW_2^* (x_2, v) = (100 - 0{,}25v_1 - 1{,}6v_3)x_2 \} = 0.$$

Hieraus folgt: $v_1 = 200$, $v_3 = 31{,}25$.

Nach Satz 3.34 gilt damit:

$u_A = v_1 + k_A = 200 \quad + \ 40 = 240,$

$u_B = v_2 + k_B = \ 0 \quad + 100 = 100,$

$u_C = v_3 + k_C = 31{,}25 + \ 50 = \ 81{,}25.$

u_i (und nicht v_i) ist die Preisobergrenze für Ressource i (i = A, B, C).

(3.36) Beispiel (In Anlehnung an Schmalenbach 1963, S. 176ff.)

Ein Unternehmen stellt die Zinkprodukte Ganzzinkgefäße (P1), feuerverzinkte Gefäße (P2) und galvanisch verzinkte Gefäße (P3) her. Zu Beginn der Periode liegen 2000 kg Zink auf Lager, die in der Vorperiode zu 0,80 DM je kg beschafft wurden.

Eine zusätzliche Beschaffung ist nicht möglich. In der laufenden Periode kann Zink für 1 DM je kg veräußert werden.

In der Folgeperiode beträgt der voraussichtliche Marktpreis je kg - sowohl für den Kauf als auch Verkauf - 1,20 DM. Die Stückdeckungsbeiträge (SDB), der Zinkverbrauch pro Produkteinheit (PE) und die Absatzhöchstmengen für die Produkte ergeben sich aus der folgenden Tabelle.

	SDB	Zinkverbrauch/PE	Absatzobergrenze
P1	9,00	1,5 kg	1000
P2	4,80	0,4 kg	2000
P3	3,60	0,2 kg	3000

Folgende Fragen sollen geklärt werden:

1. Wie hoch ist die Preisobergrenze für Zink?

2. Wie hoch wäre die Preisobergrenze, wenn der Bestand c.p. 3000 kg betragen würde und

   a) "Hinüberlagern" von Restbeständen in die Folgeperiode unmöglich ist,

   b) das Lagern von Restbeständen unter Ausschluß der Veräußerung in der gegenwärtigen Periode möglich ist und die Lagerkosten

      b1) 0 DM/kg
      b2) 0,30 DM/kg

      betragen?

3. Wie hoch ist die Preisobergrenze, wenn bei einem Anfangsbestand von 2000 kg

   a) höchstens 500 kg zu 1,20 DM/kg nachbeschafft werden können,

   b) beliebig viel zu 1,20 DM/kg nachbeschafft werden kann?

Zu 1

Das Zink wurde in der Vorperiode beschafft. Die durch die Beschaffung ausgelösten Zahlungen sind daher in der laufenden Periode nicht entscheidungsrelevant. Da die Auszahlungen für Zink somit in den Stückdeckungsbeiträgen nicht enthalten sind, entspricht die Preisobergrenze für Zink dem endogenen Verrechnungspreis. Dieser ergibt sich wie folgt:

Für Produkt j ergibt sich pro kg Zink der Stückdeckungsbeitrag (= spezifischer oder engpaßbezogener Deckungsbeitrag) s_j $(j=1,2,3)$ zu

$$s_1 = \frac{9}{1,5} = 6, \quad s_2 = \frac{4,8}{0,4} = 12, \quad s_3 = \frac{3,6}{0,2} = 18.$$

Die Produkte sind also in der Reihenfolge P3 -> P2 -> P1 im Rahmen des vorhandenen Zinkbestandes und der Absatzobergrenzen zu fertigen. Dies ergibt die optimalen Produktionsmengen $\bar{x}_3 = 3000$, $\bar{x}_2 = 2000$, $\bar{x}_1 = 400$.

Für P1 gilt: $VW_1(x_1,u) = (9 - 1{,}5u)x_1$.

Da $\bar{x}_1 = 400$ optimal ist, muß gelten: $u = \frac{9}{1{,}5} = 6 = s_1$.

Die Preisobergrenze für Zink beträgt daher 6 DM/kg.

P1 wird als Grenzprodukt bezeichnet, da die Herstellung von P1 gerade noch sinnvoll ist. Man erkennt:
Der spezifische Deckungsbeitrag des Grenzproduktes entspricht der Preisobergrenze.

<u>Zu 2</u>

a) Da bei einem Bestand von 3000 kg Zink 100 kg zum Preis von 1 DM/kg veräußert werden (P1, P2 und P3 werden bis zur Absatzobergrenze gefertigt, wobei 2900 kg Zink verbraucht werden.), beträgt die Preisobergrenze 1 DM/kg.

b1) 100 kg werden gelagert und in der Folgeperiode zu 1,20 DM/kg veräußert. Da keine Lagerkosten entstehen, beträgt die Preisobergrenze 1,20 DM/kg.

b2) Unter Berücksichtigung der Lagerkosten ergibt sich die Preisobergrenze zu 0,90 DM/kg.

<u>Zu 3</u>

a) Wegen $s_1 > 1{,}20$ werden 500 kg Zink nachbeschafft und zur Herstellung von P1 verwendet. Die Fertigungsmenge von P1 beträgt 733,3 Einheiten. Damit bleibt P1 Grenzprodukt und die Preisobergrenze bei 6 DM/kg.

b) Da beliebig viel Zink zum Preis von 1 DM/kg veräußert werden kann, beträgt die Preisobergrenze 1 DM/kg.

3.5 Preisuntergrenzen

Zunehmender Wettbewerb kann ein Unternehmen dazu zwingen, den Preis eines Produktes nach unten zu korrigieren. Es stellt sich dann z.B. die Frage, welcher Preis für dieses Produkt gerade noch akzeptiert werden kann, ohne daß das optimale Produktionsprogramm geändert werden muß.

Zur Ermittlung derartiger Preisuntergrenzen sei angenommen, daß zwischen den Produkten keine Verbrauchs-, Erlös- oder Kosteninterdependenzen bestehen. Das optimale Produktionsprogramm sei Lösung der folgenden Optimierungsaufgabe:

$$(3.37) \quad \max_{0 \le x \le c} \{ \sum_{j=1}^{m} (e_j(x_j) - k_j(x_j)) \mid \sum_{j=1}^{m} g_j(x_j) \le b \}.$$

Als Verwendungswert von Produkt j ergibt sich mit dem endogenen Verrechnungspreis u sowie mit

$$VW_j(x_j,u) := e_j(x_j) - k_j(x_j) - g_j(x_j)u \; :$$

$$(3.38) \quad VW_j(u) = \max_{0 \le x_j \le c_j} \{ VW_j(x_j,u) \} \qquad (j=1,\ldots,m).$$

Da u ein endogener Verrechnungspreis ist, besitzen 3.38 und 3.37 eine übereinstimmende optimale Lösung $\bar{x}$. Im Falle der Konkavität und Differenzierbarkeit von $VW_j(x_j,u)$ ist $\bar{x}_j$ genau dann Optimallösung von 3.38, wenn gilt (vgl. 3.7):

$$(3.39) \quad \begin{array}{lllll} a) & \bar{x}_j = 0 & \text{falls} & GVW_j(0,u) & < 0 \\ b) & 0 \le \bar{x}_j \le c_j & \text{falls} & GVW_j(\bar{x}_j,u) & = 0 \\ c) & \bar{x}_j = c_j & \text{falls} & GVW_j(c_j,u) & > 0 \end{array}$$

Wird der Preis eines Produktes reduziert, so ändert sich das optimale Produktionsprogramm $\bar{x}$ nur dann nicht, wenn die Optimalitätsbedingungen 3.39 mit einem geeignet gewählten Verrechnungspreis für $\bar{x}$ nicht verletzt sind.

Dies bedeutet für Produkte mit negativem Grenzverwendungswert, daß sich das Produktionsprogramm bei beliebiger Preisreduzierung nicht ändert. Demgegenüber ist bei Produkten mit positivem Grenzverwendungswert nur eine beschränkte Preisreduzierung möglich und für Produkte, deren Grenzverwendungswert Null ist, bleibt eine Preisreduzierung nur dann ohne Einfluß auf das optimale Produktionsprogramm, wenn der Verrechnungspreis geeignet angepaßt werden kann.

(3.40) Beispiel

Für Beispiel 3.31 sei angenommen, daß zur Herstellung der Produkte P1 - P4 lediglich eine Maschine mit der Maximalkapazität 24 Maschinenstunden eingesetzt werden kann und daß die Betriebskosten bereits in den variablen Stückkosten berücksichtigt sind. Als optimales Produktionsprogramm ergibt sich:

$\bar{x}_1 = 6$, $\bar{x}_2 = 4$, $\bar{x}_3 = 1$, $\bar{x}_4 = 0$. Die Optimalitätsbedingungen 3.39 lauten:

$p_1 - 50 - 2u \geq 0$, $p_2 - 30 - 2u \geq 0$,

$p_3 - 20 - 4u = 0$, $p_4 - 30 - u \leq 0$.

Hieraus errechnet man die Preisuntergrenze für Produkt j, indem man die Preise $p_i (i \neq j)$ aus Beispiel 3.31 in die Optimalitätsbedingungen einsetzt und den kleinsten Wert für p_j ermittelt, so daß die Bedingungen für einen geeignet gewählten nichtnegativen Verrechnungspreis erfüllt sind.

Auf diese Weise erhält man als Preisuntergrenze 80 für P1, 60 für P2 und 0 für P4, wobei jeweils ein durch das Grenzprodukt P3 gegebener (endogener) Verrechnungspreis in Höhe von 15 GE/h zugrundezulegen ist.

Zur Ermittlung der Preisuntergrenze von P3 wird der Verrechnungspreis reduziert, bis der Verwendungswert von P4 Null wird (Eine weitere Reduzierung des Verrechnungspreises würde die Berücksichtigung von P4 im Produktionsprogramm erfordern.). Es ergibt sich ein Verrechnungspreis in Höhe von 10 GE/h und damit 60 als Preisuntergrenze für P3.

Neben dem Problem der Ermittlung von Preisgrenzen für bereits berücksichtigte Produktionsmaßnahmen stellt sich vielfach auch die Frage, ob und gegebenfalls in welchem Umfang ein neuer Auftrag (Zusatzauftrag) in das bestehende Programm aufgenommen werden soll. Dabei sind bei Annahme des Zusatzauftrages zunächst zusätzliche Auszahlungen für Rohstoffe, Personal etc. zu berücksichtigen. Ist die Fertigungskapazität des Unternehmens ausgelastet und eine Ausweitung der Fertigungskapazität nicht möglich, so bedeutet die Annahme des Zusatzauftrages darüber hinaus eine Deckungsbeitragseinbuße, da das bisherige Produktionsprogramm nicht mehr in vollem Umfang realisiert werden kann. Der Zusatzauftrag ist dann so zu kalkulieren, daß neben den sich zusätzlich ergebenden Auszahlungen auch die Deckungsbeitragseinbuße im Preis berücksichtigt wird. In Abhängigkeit vom Umfang, mit dem der Zusatzauftrag realisiert wird, ergibt sich dabei ein mindestens zu fordernder Preis, der als Preisuntergrenze bezeichnet wird.

(3.41) Definition

Die Preisuntergrenze für einen Zusatzauftrag in Abhängigkeit vom Auftragsumfang heißt **kritische Preisfunktion**.

Zur Ermittlung der kritischen Preisfunktion sei davon ausgegangen, daß ohne Berücksichtigung des Zusatzauftrages das optimale Produktionsprogramm Lösung der folgenden Optimierungsaufgabe ist:

(3.42) $DB_{max}(b) := \max_{0 \le x \le c} \{ e(x) - k(x) \mid g(x) \le b \}.$

Es ist somit nur eine Ressource beschränkt verfügbar und eine Beschaffung der Ressource ausgeschlossen.

Von dem Zusatzauftrag seien die variablen Kosten $q(z)$ sowie der Ressourcenbedarf $a(z)$ in Abhängigkeit vom Auftragsumfang z gegeben. Wird der Zusatzauftrag im Umfang z angenommen, so bedeutet dies eine Reduzierung des ursprünglichen Ressourcenbestandes auf $b - a(z)$. Als Folge der Bestandsreduzierung sinkt der mit den übrigen Maßnahmen maximal erzielbare Deckungsbeitrag auf $DB_{max}(b-a(z))$. Die kritische Preisfunktion $p_{krit}(z)$ mit $z > 0$ ergibt sich daher zu

(3.43) $$p_{krit}(z) = \frac{1}{z} \left(DB_{max}(b) - DB_{max}(b-a(z)) \right) + \frac{1}{z} q(z),$$

wobei der erste Term die Deckungsbeitragseinbuße und der zweite Term die variablen Kosten pro Einheit des Zusatzauftrages beinhalten.

Zur Ermittlung der kritischen Preisfunktion ist es notwendig, den maximal erreichbaren Deckungsbeitrag $DB_{max}(h)$ in Abhängigkeit vom Ressourcenbestand h zu ermitteln. $DB_{max}(h)$ ist monoton wachsend und der endogene Verrechnungspreis $u(h)$ als Funktion des Ressourcenbestandes h monoton fallend.

(3.44) <u>Abbildung</u>

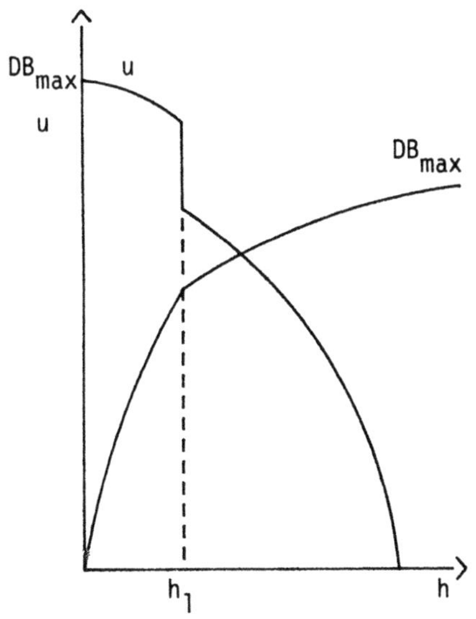

Abbildung 3.44 verdeutlicht den Verlauf von $DB_{max}(h)$ und dem endogenen Verrechnungspreis u(h). Ist DB_{max} an der Stelle $\bar{h}$ differenzierbar, so gilt nach 1.28 $DB'_{max}(\bar{h}) = u(\bar{h})$. Ist DB_{max} in $\bar{h}$ nicht differenzierbar (z.B. $\bar{h} = h_1$ in Abb. 3.44), so gibt es mehrere endogene Verrechnungspreise für $\bar{h}$.

Für $DB_{max}(h)$ ergibt sich die Darstellung

$$(3.45)\quad DB_{max}(h) = \int_0^h u(y)dy.$$

Hieraus folgt für die Deckungsbeitragseinbuße bei Annahme des Zusatzauftrages im Umfang z:

$$(3.46)\quad DB_{max}(b) - DB_{max}(b-a(z)) = \int_{b-a(z)}^{b} u(y)dy.$$

Substituiert man in 3.46 y durch b - a(x), so folgt im Falle der Differenzierbarkeit von a(x):

$$(3.47)\quad \int_{b-a(z)}^{b} u(y)dy = - \int_z^0 u(b-a(x))a'(x)dx = \int_0^z u(b-a(x))a'(x)dx.$$

(Der Integrand ergibt sich aus dy = -a'(x)dx. Für y = b - a(z) folgt x = z, für y = b folgt x = 0. Hieraus resultieren die neuen Integrationsgrenzen z bzw. 0.)

Mit 3.47 ergibt sich für die kritische Preisfunktion die Darstellung

$$(3.48)\quad p_{krit}(z) = \frac{1}{z}\int_0^z u(b-a(x))a'(x)dx + \frac{1}{z}\, q(z).$$

Die kritische Preisfunktion setzt sich somit aus den variablen Stückkosten und dem durchschnittlichen Ressourcenwert pro Auftragseinheit zusammen.

Mit Hilfe der kritischen Preisfunktion kann für ein beliebiges Auftragsvolumen entschieden werden, ob bei einer vom Auftraggeber vorliegenden Preisvorstellung die Annahme des Auftrags sinnvoll ist oder nicht. Liegt für jedes Auftragsvolumen eine derartige Preisvorstellung p(z) vor, so kann die aus der Sicht des Unternehmens optimale Auftragshöhe $\bar{z}$ als Lösung der Optimierungsaufgabe

(3.49) $$\max_{z \in Z} \{ (p(z) - p_{krit}(z))z \}, \; Z := \{ z \mid z \geq 0, \; a(z) \leq b \}$$

bestimmt werden. $(p(z) - p_{krit}(z))z$ ist dabei der Deckungsbeitrag, der bei Realisation des Auftragsvolumens z zusätzlich erwirtschaftet werden kann.

Ist 3.42 eine quadratische Optimierungsaufgabe, so ist $DB_{max}(h)$ stetig. Aus der Stetigkeit von a(z) und q(z) folgt dann die Stetigkeit der kritischen Preisfunktion. Sind a(z) und q(z) insbesondere linear, so ist $p_{krit}(z)$ in diesem Fall stückweise von der Form (vgl. Beispiel 3.51)

(3.50) $$p_{krit}(z) = q_0 + \frac{a}{z} + b + cz$$ (a, b, c: Konstanten, q_0: variable Stückkosten des Zusatzauftrages).

Bestehen zwischen den Produktionsmaßnahmen keine Erlös-, Kosten- oder Verbrauchsabhängigkeiten, und sind alle Verbrauchsfunktionen sowie q(z) stetig, so ist die kritische Preisfunktion auch dann noch stetig, wenn die Erlös- und/oder Kostenfunktionen Sprungstellen nach unten bzw. oben aufweisen (Hamann 1981, S.17ff.). Dies ist beispielsweise dann der der Fall, wenn entscheidungsabhängige Fixkosten (z.B. Umrüstkosten) und/oder Nachfrageeinbrüche bei Preiserhöhungen zu berücksichtigen sind.

(3.51) <u>Beispiel</u>

Neben den Daten von Beispiel 3.28 gelte:
$b = 5$, $a_0 = 1$, $q_0 = 2$ (a_0: Ressourcenverbrauch pro Einheit des Zusatzauftrages).

Aus der für Beispiel 3.28 ermittelten Nachfragefunktion ergibt sich:

$$u(5 - x) = \begin{cases} \frac{4}{17} + \frac{1}{17} x & \text{für} \quad 0 \le x < 4{,}5 \\ -4 + x & \text{für} \quad 4{,}5 \le x \le 5 \end{cases}$$

Hieraus folgt:

$$\int_0^z u(5 - x)dx = \begin{cases} \frac{4}{17} z + \frac{1}{34} z^2 & \text{für} \quad 0 \le z < 4{,}5 \\ 9{,}53 \; - 4z + \frac{1}{2} z^2 & \text{für} \quad 4{,}5 \le z \le 5 \end{cases}$$

und damit

$$p_{krit}(z) = \frac{1}{z} \int_0^z u(5 - x)dx + q_0 =$$

$$= \begin{cases} 2 + \frac{4}{17} + \frac{1}{34} z & \text{für} \quad 0 < z < 4{,}5 \\ 2 + \frac{9{,}53}{z} - 4 + \frac{1}{2} z & \text{für} \quad 4{,}5 \le z \le 5 \end{cases}$$

Ist für den Zusatzauftrag die Preis-Absatz-Funktion $p(z) = 4 - z$ gegeben, so errechnet sich das optimale Auftragsvolumen aus

$$\max_{z \in Z} \{ (p(z) - p_{krit}(z))z \} =$$

$$= \max_{z \in Z} \begin{cases} \frac{30}{17} z - \frac{35}{34} z^2 & \text{für} \quad 0 < z < 4,5 \\ 6z - 9,53 - \frac{3}{2} z^2 & \text{für} \quad 4,5 \le z \le 5 \end{cases}$$

zu $\bar{z} = \frac{6}{7}$.

Der durch den Zusatzauftrag maximal realisierbare zusätzliche Deckungsbeitrag beträgt damit 0,76.

3.6 Innerbetriebliche Leistungsverrechnung

Bei der Fertigung nehmen einzelne Produkte oft mehrere sich teilweise gegenseitig beliefernde (Kosten-) Stellen in Anspruch. Zur Ermittlung eines optimalen Produktionsprogrammes ist es dann notwendig, simultan mit der Produktionsmenge die Leistung dieser Stellen festzulegen.

Die Leistungsbeziehungen zwischen den durch Produktionsmaßnahmen in Anspruch genommenen Stellen lassen sich durch einen Gozinto-Graphen verdeutlichen.

(3.52) <u>Abbildung</u>

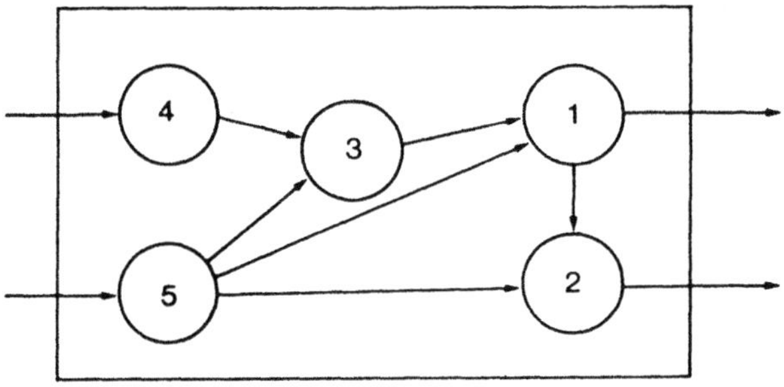

Beispiel eines Gozinto-Graphen

In Abbildung 3.52 kennzeichnen die Stellen 4 und 5 Lagerstellen für Produktionsfaktoren und die Stellen 1 bis 3 Fertigungsstellen, wobei Stelle 3 eine Produktionsstelle für ein Zwischenprodukt ist und in den Stellen 1 und 2 Endprodukte gefertigt werden.

Im folgenden sei angenommen, daß jede Stelle eine homogene Leistung erbringt und daß alle (entscheidungsrelevanten) Beziehungen linear sind. Dabei seien die Stellen $1,...,m$ Fertigungsstellen der Endprodukte, die Stellen $m+1,...,n_1$ Fertigungsstellen für Zwischenprodukte und die Stellen $n_1+1,...,n$ Lagerstellen für Produktionsfaktoren.

Weiter sei

p_i der Preis von Produkt i (i=1,...,m) (Produkt i wird ausschließlich in Stelle i gefertigt),

q_i der Preis von Produktionsfaktor i ($i=n_1+1,\ldots,n$),

k_i die dem Produkt i direkt zurechenbaren variablen Kosten (i=1,...,m),

y_i die von Produkt i produzierte und veräußerte Menge (i=1,...,m),

x_i die von Stelle i insgesamt erbrachte Leistung (i=1,...,n) sowie

$x_{ij} = a_{ij}x_j$ die von Stelle i an Stelle j abgegebene Leistungsmenge ($a_{ij} \geq 0$; i,j=1,...,n).

Damit können die Bedingungen des Entscheidungsproblems wie folgt formuliert werden:

Die von Stelle i (i=m+1,...,,n) an andere Stellen abgegebene Leistungsmenge entspricht der Gesamtleistung der Stelle:

(3.53) $$\sum_{j=1}^{n} a_{ij}x_j - x_i = 0 \qquad (i=m+1,\ldots,n).$$

Die Summe der von Stelle i (i=1,...,m) veräußerten und an andere Stellen abgegebene Leistungsmenge entspricht der von Stelle i insgesamt erbrachten Leistung:

(3.54) $$-x_i + y_i + \sum_{j=1}^{n} a_{ij}x_j = 0 \qquad (i=1,\ldots,m).$$

Ist d_i die maximale Kapazität von Stelle i (i=1,...,n) sowie c_i die Absatzobergrenze von Produkt i (i=1,...,m), so ist mit

$X := \{ x = (x_1,\ldots,x_n) \mid 0 \leq x_i \leq d_i \ (i=1,\ldots,n) \}$,
$Y := \{ y = (y_1,\ldots,y_m) \mid 0 \leq y_i \leq c_i \ (i=1,\ldots,m) \}$

die folgende Optimierungsaufgabe zu lösen:

(3.55) $$\max_{\mathbf{x}\in\mathbf{X},\mathbf{y}\in\mathbf{Y}} \{ \sum_{i=1}^{m} (p_i - k_i)y_i - \sum_{i=n_1+1}^{n} q_i x_i \mid (3.53),(3.54) \}.$$

Zur Lösung von 3.55 wird für jede Stelle i ein Verrechnungspreis u_i (i=1,...,n) bestimmt und eine Korrektur der Zielfunktion vorgenommen.

(3.56) <u>Definition</u>

$$LW_i(x_i,\mathbf{u}) := \begin{cases} u_i x_i - \sum_{s=1}^{n} a_{si} u_s x_i & (i=1,\ldots,n_1) \\ -q_i x_i + u_i x_i - \sum_{s=1}^{n} a_{si} u_s x_i & (i=n_1+1,\ldots,n) \end{cases}$$

heißt **Leistungswert** von Stelle i.

Nach Satz 1.14 gilt:

Ist $\bar{\mathbf{x}} = (\bar{x}_1,\ldots,\bar{x}_n)$ optimal für

(3.57) $$\max_{0\le x_i\le d_i} \{ LW_i(x_i,\mathbf{u}) \} \qquad (i=1,\ldots,n)$$

sowie $\bar{\mathbf{y}}$ optimal für

(3.58) $$\max_{0\le y_i\le c_i} \{ VW_i(y_i,\mathbf{u}) = (p_i - k_i)y_i - u_i y_i \} \qquad (i=1,\ldots,m),$$

und sind die Bedingungen 3.53 und 3.54 für $(\bar{\mathbf{x}},\bar{\mathbf{y}})$ erfüllt, so ist $(\bar{\mathbf{x}},\bar{\mathbf{y}})$ Optimallösung von 3.55 und **u** endogener Verrechnungspreisvektor.

Im folgenden soll die Optimierungsaufgabe 3.55 für den Fall analysiert werden, daß die Kapazität der Stellen unbeschränkt ist. Es wird somit $d_i = \infty$ (i=1,...,n) unterstellt.

Mit $\mathbf{A} := ((a_{ij}))$, $\mathbf{x} := (x_1,\ldots,x_n)$, lauten 3.53 und 3.54 in Matrix-Schreibweise:

(3.59) $x = \mathbf{A}x + \mathbf{y}^*$ bzw. $(E - \mathbf{A})x = \mathbf{y}^*$

(E = Einheitsmatrix, $\mathbf{y}^* := (\mathbf{y},0,\ldots,0)$).

Es gelte:

(3.60) Es gibt einen Vektor $\hat{x} \geq \mathbf{0}$ mit $\hat{x} > \mathbf{A}\hat{x}$.

Dann läßt sich zeigen (Gale 1960, S.296f., Kistner 1981, S.145ff.):

1. Zu jedem Vektor $\bar{y} \geq \mathbf{0}$ existiert ein eindeutig bestimmter Vektor $\bar{x} \geq \mathbf{0}$, so daß $(\bar{x},\bar{y}^*)$ Lösung des Gleichungssystems 3.59 ist.
2. 3.60 ist genau dann erfüllt ist, wenn die Inverse $(E - \mathbf{A})^{-1}$ existiert.

Unter der Voraussetzung 3.60 können somit die Nichtnegativitätsbedingungen für die Variablen x_i $(i=1,\ldots,n)$ vernachlässigt und eine optimale Entscheidung für die Stellenleistung damit aus

(3.61) $\max\limits_{x_i \in \mathbf{R}} \{ LW_i(x_i,u) \}$ $(i=1,\ldots,n)$

abgeleitet werden.

Da $LW_i(x_i,u)$ linear in x_i ist, besitzt 3.61 nur dann einen endlichen Maximanden, wenn gilt:

(3.62)
$$u_i - \sum_{s=1}^{n} a_{si}u_s = 0 \qquad (i=1,\ldots,n_1),$$
$$-q_i + u_i - \sum_{s=1}^{n} a_{si}u_s = 0 \qquad (i=n_1+1,\ldots,n).$$

In Matrix-Schreibweise lautet 3.62 ($\mathbf{q} := (0,\ldots,0,q_{n_1+1},\ldots,q_n)$, $\mathbf{A}^T$ bezeichnet die transponierte Matrix von $\mathbf{A}$):

(3.63) $u = q + A^T u$ bzw. $u = (E - A^T)^{-1} q$.

Für jeden Vektor von Faktorpreisen läßt sich somit aus 3.63 der (komponentweise nichtnegative) Vektor der endogenen Verrechnungspreise bestimmen.

3.63 entspricht dem aus der Kostenrechnung bekannten Gleichungsverfahren der innerbetrieblichen Leistungsverrechnung (Kistner 1981, S.142f.).

Sind die endogenen Verrechnungspreise u_i aus 3.63 errechnet, so ergibt sich aus 3.58 folgende Entscheidungsregel:

Ist für Produkt i die Summe aus direkt zurechenbaren variablen Stückkosten und dem endogenen Verrechnungspreis der produzierenden Stelle kleiner (größer) als der Verkaufspreis, so ist das Produkt bis zur Absatzobergrenze (nicht) zu produzieren.

(3.64) Beispiel

Die Leistungsbeziehungen eines Unternehmens seien durch folgenden Gozinto-Graph charakterisiert (Die Pfeilbewertung entspricht den Koeffizienten a_{ij}.):

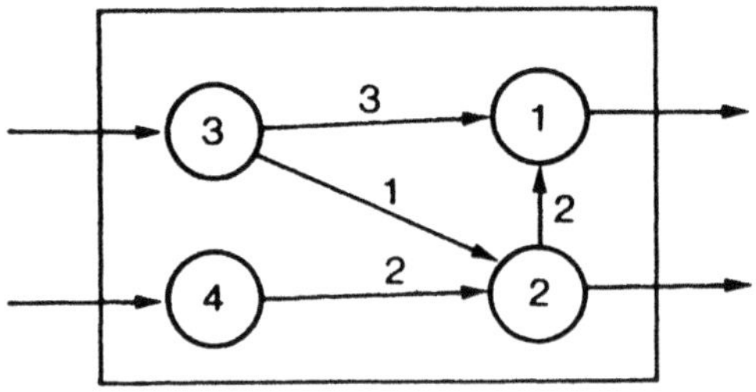

Weiter gelte: $p_1 = 10$, $p_2 = 7$, $k_1 = 2$, $k_2 = 3$, $q_3 = q_4 = 1$, $c_1 = c_2 = 10$.

Das Gleichungssystem 3.63 ergibt sich zu:
$u_2 - 2u_4 - u_3 = 0$, $u_1 - 2u_2 - 3u_3 = 0$, $u_4 - 1 = 0$, $u_3 - 1 = 0$.

Hieraus folgt für die endogenen Verrechnungspreise:
$u_1 = 9,\ u_2 = 3,\ u_3 = u_4 = 1.$

Wegen $u_1 + k_1 = 11 > p_1 = 10$ ist die Produktion von Produkt 1 nicht sinnvoll. Wegen $u_2 + k_2 = 6 < p_2 = 7$ ist Produkt 2 bis zur Absatzobergrenze zu produzieren.

Das Gleichungssystem 3.59 lautet im vorliegenden Fall:
$x_1 = y_1,\ x_2 = y_2 + 2x_1,\ x_3 = x_2 + 3x_1,\ x_4 = 2x_2.$

Mit $\bar{y}_1 = 0$, $\bar{y}_2 = 10$ errechnen sich hieraus die optimalen Leistungen der Stellen zu
$\bar{x}_1 = 0,\ \bar{x}_2 = 10,\ \bar{x}_3 = 10,\ \bar{x}_4 = 20.$

Der optimale Deckungsbeitrag ergibt sich zu 10.

Ist die Leistung einer Stelle i begrenzt ($d_i < \infty$), so kann der Leistungswert dieser Stelle positiv werden, sofern die Kapazität der Stelle voll ausgenutzt wird. In diesem Fall gilt:

$$(3.65)\quad \begin{aligned} u_i &> \sum_{s=1}^{n} a_{si} u_s && \text{falls } i \in \{1,\ldots,n_1\}, \\ u_i &> q_i + \sum_{s=1}^{n} a_{si} u_s && \text{falls } i \in \{n_1+1,\ldots,n\}. \end{aligned}$$

Handelt es sich bei der Stelle i um eine Produktionsstelle, so ist es bekanntlich optimal, zunächst zeitlich (bei Optimalintensität) und bei Erreichen der Kapazitätsgrenze intensitätsmäßig anzupassen (Adam 1986, S.158ff., Kistner 1981, S.125f.). Da in dem hier formulierten Ansatz nur zeitliche Anpassungsmaßnahmen berücksichtigt werden, ist bei intensitätsmäßiger Anpassung das Modell entsprechend zu erweitern (vgl. etwa Kistner 1981, S.153ff.).

3.7 Näherungslösungen

Können endogene Verrechnungspreise aus den Marktdaten (vgl. Abschnitt 3.2) oder ähnlich gelagerten Entscheidungssituationen der Vergangenheit abgeschätzt werden, so stellt sich die Frage nach der Güte der mit diesen Verrechnungspreisen ermittelten Entscheidungen. Diese Frage stellt sich auch dann, wenn - etwa aufgrund von Ganzzahligkeitsbedingungen für Produktionsmaßnahmen oder Unstetigkeiten in den Erlös- und Kostenfunktionen - endogene Verrechnungspreise nicht existieren (vgl. die Beispiele 3.29 und 3.31).

Eine Klärung dieser Frage ergibt sich wie im Fall der Investitions- und Finanzierungsplanung (vgl. Abschnitt 2.7) durch Anwendung der Sätze 1.30 und 1.31 auf die jeweils vorliegende Entscheidungssituation.

(3.66) <u>Beispiel</u>

	P1	P2	P3
DB_j	10	13	15
a_{1j}	2	4	6
a_{2j}	4	5	4
c_j	5	3	3

DB_j: Stückdeckungsbeitrag von Produkt j,

a_{ij}: Verbrauch von Ressource i zur Herstellung einer Einheit von Produkt j,

c_j: Absatzobergrenze für Produkt j.

Verfügbarer Bestand an Einheiten der Ressource 1 (2) : $b_1 = 21$ ($b_2 = 18$).

Der Verrechnungspreis der Ressource 1 (2) wird zunächst auf $\hat{u}_1 = 0{,}5$ ($\hat{u}_2 = 2{,}5$) geschätzt.

Es ergibt sich:

$VW_1(x_1,\hat{u}) = (10 - 2\cdot 0{,}5 - 4\cdot 2{,}5)x_1 = -x_1,$

$VW_2(x_2,\hat{u}) = (13 - 4\cdot 0{,}5 - 5\cdot 2{,}5)x_2 = -1{,}5x_2,$

$VW_3(x_3,\hat{u}) = (15 - 6\cdot 0{,}5 - 4\cdot 2{,}5)x_3 = \ 2x_3.$

Als Optimallösung $\hat{x}$ von $\max\limits_{0\le x_j\le c_j} \{ VW_j(x_j,\hat{u}) \}$ erhält man:
$\hat{x}_1 = \hat{x}_2 = 0,\ \hat{x}_3 = 3.$

$\hat{x}$ ist zulässig mit $DB(\hat{x}) = 3\cdot 15 = 45$ wobei 3 (6) Einheiten von Ressource 1 (2) ungenutzt bleiben.

Nach Satz 1.30 ergibt sich als Abschätzung für die Abweichung vom maximal erzielbaren Deckungsbeitrag $DB(\bar{x})$:
$DB(\bar{x}) - DB(\hat{x}) \le 3\hat{u}_1 + 6\hat{u}_2 = 16{,}5$, d.h. $DB(\bar{x}) \le 61{,}5$.

Da die Restkapazität noch ausreicht, um zusätzlich 1,5 Einheiten von P1 zu produzieren, wird eine Korrektur auf $x_1' = 1{,}5,\ x_2' = 0,\ x_3' = 3$ mit $DB(x') = 60$ vorgenommen.

Als Abschätzung für diese Lösung ergibt sich:
$DB(\bar{x}) - DB(x') \le VW_1(\hat{x}_1,u) - VW_1(x_1',u) = 1{,}5.$

Test auf Optimalität:
x' ist optimal, wenn es Verrechnungspreise u_1, u_2 gibt, so daß die Verwendungswerte für x' maximiert werden, d.h. wenn gilt:

$10 - 2u_1 - 4u_2 = 0,\ 13 - 4u_1 - 5u_2 \le 0,$
$15 - 6u_1 - 4u_2 \ge 0.$

Diese Bedingungen sind für $u_1 = 1,\ u_2 = 2$ erfüllt.

x' ist also optimal und $u_1 = 1,\ u_2 = 2$ sind endogene Verrechnungspreise (Die Menge der endogenen Verrechnungspreise U_e errechnet sich zu

$U_e = \{ (u_1,u_2) \mid u_1 = 5 - 2u_2,\ \frac{45}{24} \le u_2 \le \frac{56}{24} \}.$).

(3.67) Beispiel

Für Beispiel 3.31 liege für den Verrechnungspreis eine Schätzung $\hat{u}$ = 21,8 vor. Mit diesem Verrechnungspreis errechnen sich die Verwendungswerte der Produktionsmaßnahmen sowie der Beschaffungswert zu

$$VW_1(x_1,\hat{u}) = (50 - 2\hat{u})x_1 = 6{,}4x_1,$$

$$VW_2(x_2,\hat{u}) = (40 - 2\hat{u})x_2 = -3{,}6x_2,$$

$$VW_3(x_3,\hat{u}) = (60 - 4\hat{u})x_3 = -27{,}2x_3,$$

$$VW_4(x_4,\hat{u}) = (10 - \hat{u})x_4 = -11{,}8x_4.$$

$$BW(h,\hat{u}) = \begin{cases} 5{,}8h & \text{für} \quad 0 \le h \le 10 \\ 21{,}8h - 198 & \text{für} \quad 10 < h < 11 \\ 1{,}8h + 22 & \text{für} \quad 11 \le h \le 20 \end{cases}$$

Als verwendungs- und beschaffungswertmaximale Lösung ergibt sich:
$\hat{x}_1 = 6,\ \hat{x}_2 = \hat{x}_3 = \hat{x}_4 = 0,\ \hat{h} = 10.$

Da zur Durchführung des Produktionsprogrammes $\hat{x}$ 12 Maschinenstunden benötigt werden, aber nur 10 Maschinenstunden verfügbar sind, ist eine Korrektur des Programmes vorzunehmen.

Eine zulässige Lösung ist
$x_1^* = 5,\ x_2^* = \hat{x}_2,\ x_3^* = \hat{x}_3,\ x_4^* = \hat{x}_4,\ h^* = \hat{h}$
mit $DB(x^*,h^*) = 250 - 160 = 90$.

Nach Satz 1.30 gilt mit der optimalen Lösung $(\bar{x},\bar{h})$:

$DB(\bar{x},\bar{h}) - DB(x^*,h^*) \le VW_1(\hat{x}_1,\hat{u}) - VW_1(x_1^*,\hat{u}) =$
$6{,}4\cdot 6 - 6{,}4\cdot 5 = 6{,}4$, d.h. $DB(\bar{x},\bar{h}) \le 96{,}4$.

Literatur

Adam, D.: Produktionspolitik. 4. Aufl., Wiesbaden 1986.

Benz, J.: Optimale Werbebudget- und Werbeprogrammplanung. Frankfurt/M. 1981.

Gale, D.: The Theory of Linear Economic Models. New York 1960.

Hamann, K.: Preisuntergrenzen in der kurzfristigen Planung. Frankfurt/M. 1980.

Heinen, E.: Betriebswirtschaftliche Kostenlehre. 6. Aufl., Wiesbaden 1983.

Hellwig, K.: Zur Ermittlung kritischer Preise für Zusatzaufträge. Zeitschrift für betriebswirtschaftliche Forschung 31 (1978), 255 - 262.

Hummel, S. und Männel, W.: Kostenrechnung 2. 3. Aufl., Wiesbaden 1983.

Kistner, K.P.: Produktions- und Kostentheorie. Würzburg Wien 1981.

Schmalenbach, E.: Kostenrechnung und Preispolitik. Köln Opladen 1963.

Zweiter Teil

Präferenzfreie Ressourcenbewertung

Kapitel 4

Grundmodell

Die präferenzabhängige Bewertung von Ressourcen setzt die Kenntnis einer Zielfunktion voraus, deren Ermittlung in vielen Fällen mit erheblichen Schwierigkeiten verbunden ist.

Probleme bei der Ermittlung einer Zielfunktion ergeben sich insbesondere bei langfristiger Planung. Sie resultieren zum einen aus der Schwierigkeit, die Konsumpräferenzen der an der Entscheidungsfindung beteiligten Gruppen geeignet zu aggregieren. Zum anderen werden vielfach durch langfristig wirksame Maßnahmen auch die Entscheidungen zukünftiger Generationen beeinflußt, deren Interessen derzeit unbekannt sind, so daß sie bei der Entscheidungsfindung auch nicht berücksichtigt werden können. Gerade die zunehmende Belastung der Umwelt, zunehmender Energieverbrauch sowie die Erschöpfung vieler natürlicher Ressourcen erfordern es andererseits, auch die Auswirkungen gegenwärtiger Entscheidungen auf zukünftige Generationen in die Planung mit einzubeziehen.

Bedenkt man darüber hinaus, daß in vielen Fällen selbst unmittelbar an der Entscheidung Beteiligte nicht in der Lage sind, langfristige Ziele zu formulieren, so wird deutlich, daß die Ermittlung einer geeigneten Zielfunktion als Ausnahmefall angesehen werden muß.

Will man Ressourcen ohne Kenntnis einer Zielfunktion bewerten, so ist es erforderlich, die Zielfunktion durch geeignete Bedingungen derart zu ersetzen, daß letztlich nur eine Entscheidungsalternative verbleibt, die diese Bedingungen erfüllt. In dem in Abschnitt 4.1 formulierten Grundmodell erfolgt eine derartige Reduzierung des Entscheidungsraumes durch die Bedingung, daß sich die Konsumauszahlungen sowohl an der Leistungsfähigkeit der Wirtschaftseinheit als auch an den jeweils erzielbaren Grenzrenditen orientieren sollen, wobei die Konsumauszahlungen mit wachsender Leistungsfähigkeit und/oder wachsenden Grenzrenditen stetig zunehmen.

Nach der Formulierung des Grundmodells wird an Hand eines Beispiels die Vorgehensweise zur Ermittlung einer Lösung des Problems beschrieben. Der Beweis für die Existenz einer Lösung wird in Abschnitt 4.3 geführt. Die hierbei verwandten mathematischen Grundlagen werden in Abschnitt 4.2 behandelt.

4.1 Das Entscheidungsproblem

Im folgenden werden zunächst Bedingungen formuliert, die sicherstellen, daß sich der gesuchte Konsumplan an der Leistungsfähigkeit der Wirtschaftseinheit sowie den periodig erzielten Grenzrenditen orientiert. Der Nachweis einer diesen Bedingungen genügenden Lösung wird in Abschnitt 4.3 geführt.

Gegeben seien die sich in Abhängigkeit vom gewählten Investitions- und Finanzierungsprogramm $x = (x_1,\ldots,x_m)$ in den Zeitpunkten $t=0,\ldots,T$ ergebenden Einzahlungsüberschüsse $e_t(x)$ sowie die entscheidungsunabhängigen Einzahlungsüberschüsse b_t.

Die Konsumauszahlungen c_t sollen sowohl von der Leistungsfähigkeit der Wirtschaftseinheit als auch von den Grenzrenditen abhängen. Ist V ein Maß für die Leistungsfähigkeit und $1 + r_t$ Grenzrendite von Periode t, so gelte:

(4.1) $c_t = s_t(r_t)V \qquad (t=1,\ldots,T).$

Die Funktionen $s_t(r_t)$ seien vor Lösung des Entscheidungsproblems gegeben, für $r_t > -1$ definiert, stetig und monoton wachsend.

<u>Bemerkung</u>

Allgemeiner ließe sich $c_t = s_t(r)V \quad (t=1,\ldots,T)$ fordern. Im Falle der Stetigkeit der Funktionen $s_t(r)$ gelten dann die folgenden Ausführungen mit geringfügigen Modifikationen.

Sowohl V als auch r_t sind a priori nicht bekannt, sondern simultan mit der Entscheidung über das Investitions- und Finanzierungsprogramm und den Konsumplan zu ermitteln. Gesucht ist damit ein Vektor $(x,c,r,V) = (\bar{x},\bar{c},\bar{r},\bar{V})$. Für diesen wird die Einhaltung der folgenden Bedingungen gefordert:

(4.2) $(\bar{x},\bar{c})$ ist zulässig, d.h. es gilt:

(4.2.1) $\bar{c}^0 \leq e(\bar{x}) + b,$

$\bar{c}^0 := (0,\bar{c}),\ e(\bar{x}) := (e_0(\bar{x}),\ldots,e_T(\bar{x})),$

(4.2.2) $\bar{x} \in X,$

wobei X die für die Festlegung von x neben den Bedingungen 4.2.1 zusätzlich zu berücksichtigenden Restriktionen beschreibt.

(4.3) $\bar{c}_t = s_t(\bar{r}_t)\bar{V}$ mit $\bar{r}_t > -1 \qquad (t=1,\ldots,T).$

(4.4) $\bar{x}$ ist optimale Lösung von

$$\max_{x \in X} \{ e(x)\bar{q} \},\ \bar{q} := (1,\bar{q}_1,\ldots,\bar{q}_T),\ \bar{q}_t := \prod_{\tau=1}^{t} (1 + \bar{r}_\tau)^{-1} \qquad (t=1,\ldots,T).$$

In 4.2.1 wird gefordert, daß in jedem Zeitpunkt t (t=0,...,T) die Auszahlungsüberschüsse nicht größer als die Einzahlungsüberschüsse sind. 4.2.1 unterscheidet sich damit von den entsprechenden Bedingungen des Entscheidungsproblems 2.2. In praktisch relevanten Fällen, wie sie etwa durch die Voraussetzungen 4.25 des übernächsten Abschnittes gegeben sind, gilt in 4.2.1 die Gleichheit von Ein- und Auszahlungsüberschüssen.

Durch Bedingung 4.4 wird zusammen mit Bedingung 4.2 sichergestellt, daß $\bar{r}_t$ endogener Zins und damit $1 + \bar{r}_t$ Grenzrendite in Periode t ist. Es gilt (vgl. Satz 2.18):

(4.5) <u>Satz</u>

Sind die Bedingungen 4.2 und 4.4 erfüllt, so ist $\bar{r}_t$ endogener Kalkulationszins in Periode t.

Beweis

Für die Optimierungsaufgabe

(4.5.1) $\max_{x \in X} \{ c^0\bar{q} \mid c^0 \leq e(x) + b \}$

ergibt sich mit dem Verrechnungspreisvektor $u = \bar{q}$ der Konsumwert

(4.5.2) $KW(u) = \max_{c \in R^T} \{ c^0\bar{q} - c^0\bar{q} = 0 \}$

sowie der Projektwert

(4.5.3) $PW(u) = \max_{x \in X} \{ e(x)\bar{q} \}$.

$\bar{c}$ ist optimale Lösung von 4.5.2 und $\bar{x}$ nach 4.4 optimale Lösung von 4.5.3. $(\bar{x},\bar{c})$ ist daher nach Satz 1.14 optimale Lösung von 4.5.1 und $\bar{r}_t$ endogener Kalkulationszins von Periode t (t=1,...,T).

(4.6) Definitionen

1. Erfüllt $(\bar{x},\bar{c},\bar{r},\bar{V})$ die Bedingungen 4.2, 4.3 und 4.4, so heißt $(\bar{x},\bar{c},\bar{r},\bar{V})$ **leistungsorientierte Lösung**. $\bar{x}$ heißt **leistungsorientiertes Investitions- und Finanzierungsprogramm** sowie $\bar{c}$ **leistungsorientierter Konsumplan**.

2. Ist $(\bar{x},\bar{c},\bar{r},\bar{V})$ eine leistungsorientierte Lösung mit $s_t(r_t) = r_t$ (t=1,...,T-1), $s_T(r_T) = 1 + r_T$, so heißt $(\bar{x},\bar{c},\bar{r},\bar{V})$ **ertragswerterhaltende Lösung**. $\bar{x}$ heißt **ertragswerterhaltendes Investitions- und Finanzierungsprogramm** sowie $\bar{c}$ **ertragswerterhaltender Konsumplan**.

Bemerkungen

1. Ist $(\bar{x},\bar{c},\bar{r},\bar{V})$ eine leistungsorientierte Lösung, so folgt (wegen $\bar{r}_t > -1$) $\bar{\mathbf{q}} > \mathbf{0}$ und damit $\bar{\mathbf{c}}^0 = \mathbf{e}(\bar{x}) + \mathbf{b}$. Ein- und Auszahlungen stimmen also für jede leistungsorientierte Lösung überein.

2. Jeder leistungsorientierter Konsumplan ist effizient.

Zur Verdeutlichung der Problemstellung sei der Fall T = 2, $s_1(r_1) = r_1$, $s_2(r_2) = 1 + r_2$ angenommen. Forderung 4.3 lautet dann:

(4.7) $\bar{c}_1 = \bar{r}_1\bar{V}$, $\bar{c}_2 = \bar{r}_2\bar{V} + \bar{V} = (1 + \bar{r}_2)\bar{V}$.

Durch Einsetzen von 4.7 in 4.2.1, Diskontierung mit $\bar{q}_t$ und anschließender Summation folgt:

(4.8) $\bar{V} = b_0 + b_1\bar{q}_1 + b_2\bar{q}_2 + e_0(\bar{x}) + e_1(\bar{x})\bar{q}_1 + e_2(\bar{x})\bar{q}_2$.

Wegen 4.4 gilt:

(4.9) $\bar{V} = b_0 + b_1\bar{q}_1 + b_2\bar{q}_2 + \max_{x \in X} \{ e_0(x) + e_1(x)\bar{q}_1 + e_2(x)\bar{q}_2 \}$.

$\bar{V}$ entspricht damit dem mit den Grenzrenditen ermittelten Wert der Wirtschaftseinheit (Ertragswert).

Wird in den Zeitpunkten t = 1 und t = 2 lediglich der jeweilige endogene Zins auf den Ertragswert, d.h. $\bar{r}_1\bar{V}$ bzw. $\bar{r}_2\bar{V}$, konsumiert, so bleibt der Ertragswert erhalten. Bedingung 4.7 entspricht damit der Forderung nach der Erhaltung der Wirtschaftseinheit als Einkommensquelle. Dies erklärt Definition 4.6.2.

Die Effizienzlinie habe den in Abb. 4.10 wiedergegebenen Verlauf. Ferner sei angenommen, daß der endogene Zins $\bar{r}_1$ für alle effizienten Konsumpläne übereinstimmt (Dies ist etwa dann der Fall, wenn die einzige in t = 0 mögliche Maßnahme die Investition der in t = 0 verfügbaren Mittel mit einperiodiger Laufzeit zum Zins $\bar{r}_1$ ist.).

Für einen zunächst beliebig gewählten Kalkulationszins $k_2 \geq 0$ für Periode 2 sei $c^*(k_2) = (c_1^*(k_2), c_2^*(k_2))$ der Schnittpunkt der Effizienzlinie mit dem Ursprungsstrahl $c_1 = \bar{r}_1 V$, $c_2 = (1 + k_2)V$ (vgl. Abb. 4.10).

(4.10) Abbildung

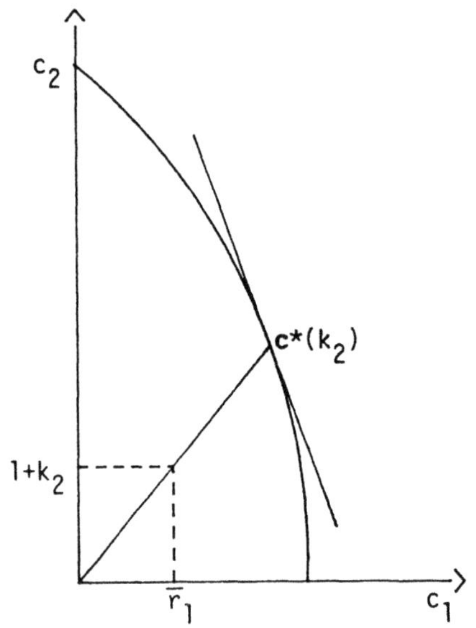

Ist $\bar{V} = \bar{V}(k_2)$ optimale Lösung von

(4.11) $$\max_{x \in X} \{ V \mid 0 \leq e_0(x) + b_0,\ \bar{r}_1 V \leq e_1(x) + b_1,\ (1 + k_2)V \leq e_2(x) + b_2 \},$$

so ergibt sich $c^*(k_2)$ zu $c_1^*(k_2) = \bar{r}_1 \bar{V}$, $c_2^*(k_2) = (1 + k_2)\bar{V}$.

Bezeichnet $-(1 + r_2)$ die Steigung der Effizienzlinie im Punkt $c^*(k_2)$, so ist $1 + r_2$ Grenzrendite in Periode 2 für das Entscheidungsproblem 4.11. $r_2 = r_2(k_2)$ ist streng monoton fallend. Daher existiert genau ein Kalkulationszins $k_2 = k_2^*$ mit $\bar{r}_2 = r_2(k_2^*) = k_2^*$ und damit genau ein ertragswerterhaltender Konsumplan.

(4.12) Beispiel

$b = (10, 0, 0)$.

j / t	1	2
0	$-x_1$	0
1	$1{,}1x_1$	$-x_2$
2	0	$10\sqrt{x_2}$
k_j	∞	∞

Matrix der Einzahlungsüberschüsse und Obergrenzen.

Der endogene Zins $\bar{r}_1$ in Periode 1 beträgt 10%. In t=0 werden 10 GE investiert ($x_1 = 10$) und man erhält die Konsumauszahlungen

$c_1 = 11 - x_2$, $c_2 = 10\sqrt{x_2}$.

Damit ergibt sich die Effizienzlinie zu

$c_2 = 10(11 - c_1)^{1/2}$.

Aus der Ableitung der Effizienzlinie folgt für die Grenzrendite $1 + r_2$ in Periode 2:

$(1 + r_2)^2 = 25(11 - c_1)^{-1/2}$.

Bedingung 4.7 lautet: $\bar{c}_1 = 0{,}1\bar{V}$, $\bar{c}_2 = (1 + \bar{r}_2)\bar{V}$. Somit gilt:

$\bar{c}_2 = (1 + \bar{r}_2)10\ \bar{c}_1$.

Hieraus errechnet man, daß die Bedingungen 4.2, 4.3 und 4.4 für $\bar{c}_1 = 1{,}83$, $\bar{c}_2 = 30{,}28$, $\bar{r}_1 = 0{,}1$, $\bar{r}_2 = 0{,}65$, $\bar{x}_1 = 10$, $\bar{x}_2 = 9{,}17$ und $\bar{V} = 18{,}3$ erfüllt sind.

$(\bar{x}_1, \bar{x}_2, \bar{c}_1, \bar{c}_2, \bar{r}_1, \bar{r}_2, \bar{V}) =$
$= (10,\ 9{,}17,\ 1{,}83,\ 30{,}28,\ 0{,}1,\ 0{,}65,\ 18{,}3)$

ist daher eine ertragswerterhaltende Lösung.

Bemerkungen

1. Ist $(\bar{x},\bar{c},\bar{r},\bar{V})$ eine leistungsorientierte Lösung, so ist $(\bar{x},\bar{V})$ mit $s(\bar{r}) := (0,s_1(\bar{r}_1),\dots,s_T(\bar{r}_T))$ optimale Lösung von (vgl. 4.11)

   (4.13) $\max_{x \in X} \{ V \mid s(\bar{r})V = e(x) + b \}$.

   Sind die Grenzrenditen bekannt, so ergeben sich daher die leistungsorientierten Lösungen durch Maximierung der Leistungsfähigkeit. Dabei ist neben den Zulässigkeitsbedingungen zu berücksichtigen, daß V gemäß $s(\bar{r})$ und damit gemäß den periodig erzielten Grenzrenditen auf die für Konsumauszahlungen vorgesehenen Zeitpunkte des Planungszeitraumes verteilt wird.

2. Ist $(\bar{x},\bar{c},\bar{r},\bar{V})$ eine ertragswerterhaltende Lösung, so gilt (vgl. 4.9):

   (4.14) $\bar{V} = b\bar{q} + \max_{x \in X} \{ e(x)\bar{q} \}$.

   Gilt insbesondere

   1. $b_t = 0 \quad (t=1,\dots,T)$,
   2. $e_t(x) = \sum_{j=1}^{m} e_{tj}x_j \quad (t=0,\dots,T)$ sowie
   3. $X = \{ x \mid 0 \le x \}$,

   so folgt $\max_{x \in X} \{ e(x)\bar{q} \} = 0$ und damit $\bar{V} = b_0$.

Die Erhaltung der Wirtschaftseinheit als Einkommensquelle ist daher in diesem Fall gleichbedeutend mit der Erhaltung des nominellen Anfangskapitals (nominelle Kapitalerhaltung).

4.2 Korrespondenzen

Bevor im nächsten Abschnitt die Existenz einer renditeorientierten Lösung nachgewiesen wird, werden im folgenden zunächst die beim Beweis verwandten Hilfsmittel behandelt.

Es sei A eine Teilmenge des R^n sowie $d(x,y) := (\sum_{i=1}^{n}(x_i - y_i)^2)^{1/2}$ für beliebige $x, y \in R^n$.

(4.15) Definitionen

1. $N_\varepsilon(x) := \{ y \in R^n \mid d(x,y) < \varepsilon \}$ heißt **ε-Umgebung von x** $(\varepsilon > 0)$.

2. Existiert eine ε-Umgebung von x, mit $N_\varepsilon(x) \subseteq A$, so heißt **x innerer Punkt von A**.

3. Enthält jede ε-Umgebung von x mindestens einen Punkt aus A und einen Punkt, der nicht in A liegt, so heißt **x Randpunkt von A**.

4. A heißt **abgeschlossen**, wenn alle Randpunkte von A in A enthalten sind.

5. A heißt **beschränkt**, wenn für alle x, y ε A gilt: $d(x,y) < \infty$.

6. A heißt **kompakt**, wenn A abgeschlossen und beschränkt ist.

Es sei A eine Teilmenge des R^n und B eine Teilmenge des R^m.

(4.16) Definition

Eine Abbildung Φ, bei der jedem Punkt aus A eine nichtleere Teilmenge aus B zugeordnet wird, heißt **Korrespondenz**.

Besteht insbesondere Φ(x) für alle x ε A aus einem Element, so ist Φ eine Funktion.

Die folgenden Definitionen verallgemeinern den Stetigkeitsbegriff von Funktionen.

(4.17) Definitionen

$\Phi : A \rightarrow B$ mit $A \subseteq R^n$, $B \subseteq R^m$ (B kompakt) sei eine **Korrespondenz**.

1. Φ heißt **oberhalb semistetig** im Punkt $\bar{x} \in A$, wenn gilt: Für jede gegen $\bar{x}$ strebende Folge x^q strebt jede konvergente Folge y^q mit $y^q \in \Phi(x^q)$ gegen einen Punkt $\bar{y}$ mit $\bar{y} \in \Phi(\bar{x})$.
2. Φ heißt **unterhalb semistetig** im Punkt $\bar{x} \in A$, wenn gilt: Für jede gegen $\bar{x}$ strebende Folge x^q und jeden Punkt $\bar{y} \in \Phi(\bar{x})$ gibt es eine gegen $\bar{y}$ strebende Folge y^q mit $y^q \in \Phi(x^q)$.
3. Φ heißt **oberhalb (unterhalb) semistetig** auf A, wenn Φ in jedem Punkt aus A oberhalb (unterhalb) semistetig ist.
4. Φ heißt **stetig** auf A, wenn Φ auf A oberhalb und unterhalb semistetig ist.

(4.18) Abbildung

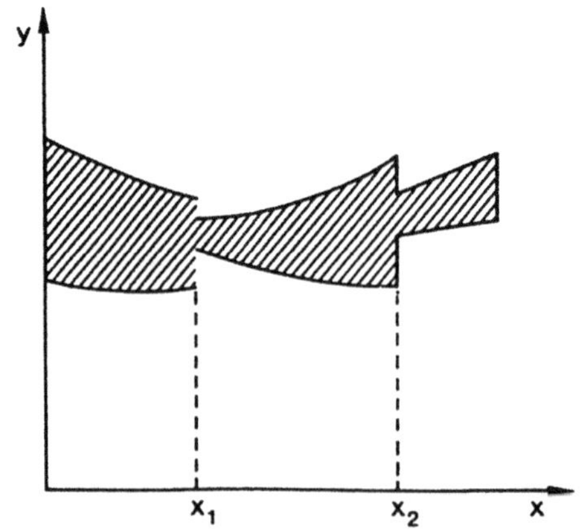

Abbildung 4.18 zeigt eine im Punkt x_1 nur unterhalb semistetige, im Punkt x_2 nur oberhalb semistetige und sonst überall stetige Korrespondenz.

(4.19) Satz

Es seien A, B, C Teilmengen des R^{n_1}, R^{n_2} und R^{n_3}. Ist $f : A \to B$ eine stetige Funktion und $\Phi : B \to C$ eine oberhalb semistetige Korrespondenz, so ist $\Omega : A \to C$ mit $\Omega(x) := \Phi(f(x))$ eine oberhalb semistetige Korrespondenz.

(4.20) Satz (Debreu)

Es sei A eine kompakte und konvexe Teilmenge des R^n, $S := \{ (y,z) \in R^{n+1} \mid$ es existiert ein $x \in A$ mit $yx \leq z \}$, sowie $\Phi : S \to A$ die durch $\Phi(s) := \{ x \in A \mid yx \leq z \}$ definierte Korrespondenz. Dann gilt: Φ ist auf S stetig, sofern für jeden Punkt $(\bar{y},\bar{z}) \in S$ ein Punkt $\bar{x} \in A$ existiert mit $\bar{y}\bar{x} < \bar{z}$.

(4.21) Satz (Berge)

Es seien A und B Teilmengen des R^n bzw. R^m, $\Phi : A \to B$ eine stetige Korrespondenz sowie f eine auf B definierte stetige Funktion. Dann ist

$h(x) := \max \{ f(y) \mid y \in \Phi(x) \}$ eine stetige Funktion und

$C(x) := \{ y \mid y \in \Phi(x), f(y) = h(x) \}$

eine oberhalb semistetige Korrespondenz.

(4.22) Definition

Es sei $\Phi : A \to A$ mit $A \subseteq R^n$ eine Korrespondenz.

$\bar{x} \in A$ heißt **Fixpunkt**, wenn gilt : $\bar{x} \in \Phi(\bar{x})$.

(4.23) Satz (Kakutani)

A sei eine nichtleere, kompakte und konvexe Teilmenge des R^n, Φ: $A \to A$ eine oberhalb semistetige Korrespondenz sowie $\Phi(x)$ für alle $x \in A$ konvex. Dann besitzt Φ einen Fixpunkt.

4.3 Existenz einer Lösung

Nach den Ausführungen von Abschnitt 4.1 existiert genau dann eine leistungsorientierte Lösung, wenn es für die parametrische Optimierungsaufgabe

(4.24) $z(s) := \max_{x \in X} \{ V \mid sV \leq e(x) + b \}$ $\quad (s := (0, s_1, \ldots, s_T))$

einen endogenen Zinsvektor $\bar{r}$ mit $s = s(\bar{r})$ gibt.

Die Existenz eines derartigen Zinsvektors wird unter den folgenden Voraussetzungen nachgewiesen:

(4.25) <u>Voraussetzungen</u>

1. Es gibt reelle Zahlen r_t', r_t'' mit $r_t' > -1$, $r_t'' < \infty$ $(t=1,\ldots,T)$, so daß 4.24 für alle

   $s \in S := \{ s(r) \mid r \in R \}$ mit $R := \{ r \mid r' \leq r \leq r'' \}$

   eine endliche optimale Lösung $(\bar{x}(s), \bar{V}(s))$ mit $\bar{V}(s) > 0$ besitzt.

2. 4.24 besitzt für alle $s \in S$ endogene Verrechnungspreisvektoren.

3. Ist u endogener Verrechnungspreisvektor von 4.24, so gilt für alle $s \in S$: $(1 + r_t')u_t \leq u_{t-1} \leq (1 + r_t'')u_t$ $(t=1,\ldots,T)$.

<u>Bemerkung</u>

Voraussetzung 4.25.3 ist etwa dann erfüllt, wenn zu jedem Zeitpunkt t (t=0,...,T-1) unbeschränkt Finanzmittel mit einperiodiger Laufzeit zum Zins r_t' (r_t'') angelegt (aufgenommen) werden können (vgl. Abschnitt 2.3).

Für die Optimallösung $\bar{x}(s)$ von 4.24 gibt es nach Voraussetzung 4.25.1 unabhängig von $s \in S$ endliche obere und untere Schranken k bzw. k'. Mit $X^* := \{ x \in X \mid k' \leq x \leq k \}$ gilt daher:

(4.26) $$z(s) = \max_{x \in X^*} \{ V \mid sV \leq e(x) + b \}.$$

Nach 2.12 sind die endogenen Verrechnungspreisvektoren von 4.26 die optimalen Lösungen von

(4.27) $$d(s) := \min_{u \in U} \{ PW(u) + bu \mid su = 1 \}$$

und es gilt $z(s) = d(s)$.

Dabei ist

$PW(u) = \max_{x \in X^*} \{ e(x)u \}$ der Projektwert sowie

$U = \{ u \geq 0 \mid PW(u) < \infty \}$.

$su = 1$ folgt aus der Voraussetzung $\bar{V}(s) < \infty$, da der Konsumwert

$KW(u) = \max_{V} \{ (1 - su)V \}$

nur für $su = 1$ einen endlichen Maximanden besitzt.

<u>Bemerkung</u>

X^* ist beschränkt. Da $e(x)$ für alle $x \in X^*$ als beschränkt vorausgesetzt werden kann, folgt $U = \{ u \mid u \geq 0 \}$.

Um Satz 4.23 anwenden zu können, wird die Optimierungsaufgabe 4.27 in eine äquivalente Optimierungsaufgabe transformiert.

Da $s(r)$ monoton wächst, gilt mit $s' := s(r')$, $s'' := s(r'')$ für alle $s \in S$ und jede zulässige Lösung u von 4.27:

(4.28) $$s'u \leq su = 1 \leq s''u.$$

Nach Voraussetzung 4.25.2 existiert ein $\mathbf{u} \geq \mathbf{0}$ mit $s'\mathbf{u} = 1$. Daher gibt es ein τ mit $s'_\tau > 0$. Mit $0 < \varepsilon < s'_\tau$ sei $\bar{s}' = (0, \bar{s}'_1, \ldots, \bar{s}'_T)$ mit $\bar{s}'_t = s'_t$ $(t \neq \tau)$, $\bar{s}'_\tau = s'_\tau - \varepsilon$. Für alle $s \in S$ und jede zulässige Lösung $\mathbf{u}$ von 4.27 gilt:

(4.29) $\bar{s}'\mathbf{u} \leq s\mathbf{u} = 1 \leq s''\mathbf{u}$.

Somit folgt unter Berücksichtigung von Vorausssetzung 4.25.3:

(4.30) $d(s) = \min\limits_{\mathbf{u} \in U^*} \{ PW(\mathbf{u}) + \mathbf{bu} \mid s\mathbf{u} = 1 \}$ mit

$U^* := \{ \mathbf{u} \geq \mathbf{0} \mid (1 + r'_t)u_t \leq u_{t-1} \leq (1 + r''_t)u_t$ $(t=1,\ldots,T)$, $\bar{s}'\mathbf{u} \leq 1 \leq s''\mathbf{u} \}$.

Wegen $\mathbf{u} > \mathbf{0}$ für alle $\mathbf{u} \in U^*$ ($u_T = 0$ hätte $u_t = 0$ für alle t und damit $s''\mathbf{u} = 0$ zur Folge) ist $r_t = (u_{t-1}/u_t) - 1$ $(t=1,\ldots,T)$ für alle $\mathbf{u} \in U^*$ definiert und stetig.

U^* ist konvex sowie (im Gegensatz zu U) kompakt und es gilt:

(4.31) Hilfssatz

$\Phi : S \to U^*$ mit $\Phi(s) := \{ \mathbf{u} \in U^* \mid s\mathbf{u} \geq 1 \}$ ist eine stetige Korrespondenz.

Beweis

Wegen Voraussetzung 4.25.2 existert ein $\hat{\mathbf{u}} \in U^*$ mit $s'\hat{\mathbf{u}} = 1$. Aufgrund der Konstruktion von $\bar{s}'$ folgt $\bar{s}'\hat{\mathbf{u}} < 1$.

Für alle $s \in S$ gilt wegen $s, s'' \geq s'$ und $\hat{\mathbf{u}} > \mathbf{0}$:
$s\hat{\mathbf{u}} \geq 1$, $s''\hat{\mathbf{u}} \geq 1$
und es gibt ein $\mu > 1$ mit $\bar{s}'\mu\hat{\mathbf{u}} \leq 1$, $s\mu\hat{\mathbf{u}} > 1$, $s''\mu\hat{\mathbf{u}} > 1$.

Ferner gilt
$(1 + r'_t)\mu\hat{u}_t \leq \mu\hat{u}_{t-1} \leq (1 + r''_t)\mu\hat{u}_t$ $(t=1,\ldots,T)$.

Somit ist $\mu\hat{\mathbf{u}} \in \Phi(s)$. Wegen $s\mu\hat{\mathbf{u}} > 1$ ist die Voraussetzung von Satz 4.20 erfüllt und $\Phi(s)$ ist daher eine stetige Korrespondenz (Man beachte die Äquivalenz von $s\mathbf{u} \geq 1$ und $-s\mathbf{u} \leq -1$.).

Nach Voraussetzung 4.24.1 ist $\bar{V}(s)$ positiv. Daher gilt:

(4.32) $d(s) = \min_{u \in U^*} \{ PW(u) + \mathbf{bu} \mid su \geq 1 \}$.

Da PW(u) + **bu** nach Satz 1.9 auf U konvex und damit auf U^* stetig ist, folgt nach Satz 4.21, daß

(4.33) $C(s) := \{ \bar{u} \in \Phi(s) \mid \min_{u \in \Phi(s)} \{ PW(u) + \mathbf{bu} \} = d(s) \}$

für alle $s \in S$ oberhalb semistetig ist (C(s) ist die Menge der endogenen Verrechnungspreisvektoren von 4.31.).

In der Folge von Abbildungen (r wie in 2.7.2 definiert)

(4.34) $U^* \underset{r}{\rightarrow} R \underset{s}{\rightarrow} S \underset{C}{\rightarrow} U^*$

sind die ersten beiden Abbildungen stetige Funktionen und die dritte Abbildung eine oberhalb semistetige Korrespondenz. Nach Satz 4.19 ist daher die zusammengesetzte Abbildung $\Omega : U^* \rightarrow U^*$ oberhalb semistetig. U^* ist kompakt, konvex und nichtleer. Nach Satz. 1.26 ist C(s) für alle $s \in S$ konvex. Damit sind die Voraussetzungen von Satz 4.23 erfüllt, Ω besitzt einen Fixpunkt und es gilt:

(4.35) <u>Satz</u>
Unter den Voraussetzungen 4.25 existiert eine leistungsorientierte Lösung.

Literatur

Berge, C.: Espaces Topologiques. 2.Aufl., Paris 1966.

Debreu, G.: Theory of Value. New York 1959 (Deutsche Übersetzung: Werttheorie. Berlin Heidelberg New York 1976.).

Kakutani, S.: A Generalization of Brouwer's Fixed Point Theorem. Duke Mathematical Journal 8 (1941), 457 - 459.

Kapitel 5

Anwendungen

Vielfach sind wirtschaftliche Entscheidungen so zu treffen, daß die Leistungsfähigkeit der jeweiligen Wirtschaftseinheit erhalten bleibt. Die Einhaltung dieser Bedingung betrifft in erster Linie die wirtschaftspolitischen Entscheidungen in Volkswirtschaften. Sie ist darüber hinaus aber auch für Unternehmen von Bedeutung, wenn diese als Einkommensquelle für die jeweils beteiligten Gruppen erhalten werden sollen.

Im folgenden Kapitel soll für unterschiedliche Entscheidungssituationen geklärt werden, ob und gegebenfalls unter welchen Bedingungen die Leistungsfähigkeit einer Wirtschaftseinheit erhalten werden kann. In Abschnitt 5.1 wird die Investitions- und Finanzierungsplanung eines Unternehmens bei Kapitalrationierung behandelt. Abschnitt 5.2 befaßt sich mit der Entscheidungssituation einer ressourcenabbauenden Wirtschaftseinheit. Schließlich wird in Abschnitt 5.3 die Frage nach der Erhaltung der Leistungsfähigkeit von Volkswirtschaften analysiert.

5.1 Kapitalbudgetierung

Die Forderung nach der Erhaltung von Unternehmen als Einkommensquelle (das sogenannte going-concern Postulat) findet unter anderem ihren Ausdruck in den gesetzlichen Vorschriften zur Gewinnermittlung. Als Gewinn wird dabei der Betrag angesehen, der in einer Periode über das von den Eigentümern oder Eigenkapitalgebern in das Unternehmen investierte Nominalkapital hinaus erwirtschaftet wird (nominelle Kapitalerhaltung). Die Gewinnermittlung ist daher primär vergangenheitsorientiert.

Demgegenüber stellen Unternehmen Leistungspotentiale dar, deren Leistungsfähigkeit neben dem Nominalkapital auch von zukünftigen Entscheidungen abhängt. Die hieraus resultierende Forderung nach einer zukunftsorientierten Gewinnermittlung hat zu unterschiedlichen Konzepten der Kapitalerhaltung geführt. Als umfassendster Ansatz kann dabei das auf I.Fisher zurückgehende Konzept des ökonomischen Gewinns angesehen werden (siehe etwa Coenenberg 1987).

Beim ökonomischen Gewinnkonzept wird ein vollkommener Kapitalmarkt unterstellt und der Ertragswert durch Diskontierung der den Anteilseignern oder Eigentümern zufließenden Konsumauszahlungen mit dem Marktzins ermittelt. Die Erhaltung der Unternehmung als Einkommensquelle bedeutet dann, daß in jeder Periode maximal der Marktzins auf den Ertragswert (der ökonomische Gewinn) an die Anteilseigner oder Eigentümer ausgezahlt werden darf.

In Abschnitt 2.3 wurde gezeigt, daß bei vollkommenem Kapitalmarkt die endogenen Zinsfüße mit dem Marktzins übereinstimmen. Das in Kapitel 4 formulierte Modell der Ertragswerterhaltung stimmt dann mit dem ökonomischen Gewinnkonzept überein.

Nach den Ausführungen von Kapitel 4 kann dieses Konzept auch auf den Fall des unvollkommenen Kapitalmarktes übertragen werden.

Ist das zugrundeliegende Entscheidungsproblem eine lineare Optimierungsaufgabe, besteht entsprechend Annahme 2.20 die Möglichkeit, Finanzmittel unbeschränkt mit einperiodiger Laufzeit zum Zins r_A anzulegen bzw. zum Zins r_B aufzunehmen und gibt es einen zulässigen nichtnegativen Konsumplan mit mindestens einer positiven Konsumauszahlung, so sind die Voraussetzungen 4.25 (vgl, Bemerkung 2 im Anschluß an Satz 1.29) erfüllt und es existiert daher nach Satz 4.35 eine ertragswerterhaltende Lösung.

(5.1) Beispiel (In Anlehnung an Hax 1964)

Der Planungshorizont sei T = 3. In t (t=0,1,2) können unbeschränkt Finanzmittel zum Zins 4% (10%) mit einperiodiger Laufzeit angelegt (aufgenommen) werden. Daneben können 4 Investitions- und Finanzierungsmaßnahmen P1,...,P4 mit folgenden Zahlungsreihen jeweils höchstens einmal realisiert werden:

P1 : (-100, 70, 20, 22),

P2 : (-80, 20, 20, 53),

P3 : (-20, 2, 2, 20),

P4 : (40, -2, -22, -21).

In t = 0 seien 50 GE vorhanden. Bei Einkommensmaximierung und nomineller Kapitalerhaltung errechnet sich das maximale Einkommen in den Zeitpunkten t = 1,2,3 zu 3,76. Dabei werden P2, P3 und P4 in maximalem Umfang realisert, P1 dagegen nicht.

In t = 0 werden 10 GE zu 10% aufgenommen. In t = 1 und t = 2 werden 5,24 GE bzw. 1,69 GE zu 4% angelegt. Die endogenen Zinsfüße betragen daher in der ersten Periode 10% und in den Perioden 2 und 3 jeweils 4%.

Der mit den Grenzrenditen ermittelte Gesamtkapitalwert K setzt sich aus den Kapitalwerten der bis zur Obergrenze realisierten Maßnahmen zusammen. Man erhält:

$K = K_2 + K_3 + K_4 = 0,21 + 0,38 + 1,30 = 1,89.$

Im Gegensatz zur Erhaltung des Anfangskapitals (50 GE) zum Planungshorizont wird bei Ertragswerterhaltung das Endvermögen a priori nicht fixiert. Es gilt daher $b_3 = 0$. Mit den oben ermittelten Zinsfüßen ergibt sich der Ertragswert zu $V = b_0 + K = 51,89$. Bei Erhaltung des Ertragswertes stehen daher am Ende der ersten Periode 5,19 GE und am Ende der folgenden Perioden jeweils 2,08 GE für Konsumzwecke zu Verfügung. Eine Überprüfung der Liquiditätsbedingungen zeigt, daß dieser Konsumplan mit den Maßnahmen P2, P3 und P4 realisiert werden kann, wenn zu Beginn der ersten Periode 10 GE aufgenommen und zu Beginn der zweiten und dritten Periode 3,81 GE bzw. 1,89 GE angelegt werden. Der hieraus resultierende Konsumplan $(\bar{c}_1, \bar{c}_2, \bar{c}_3) = (5,19,\ 2,08,\ 53,97)$ ist daher ertragswerterhaltend.

Der Vergleich mit der bei Einkommensmaximierung und nomineller Kapitalerhaltung ermittelten Lösung zeigt, daß bei Ertragswerterhaltung am Ende der ersten Periode mehr und am Ende der zweiten und dritten Periode weniger für Konsumzwecke zur Verfügung steht und daß der Ertragswert das Nominalkapital um den Kapitalwert der realisierten Maßnahmen übersteigt.

In Beispiel 5.1 wurde unterstellt, daß alle im Planungszeitraum realisierbaren Maßnahmen bis zum Planungshorizont abgeschlossen sind. Diese Voraussetzung ist jedoch vielfach nicht erfüllt. Die Berücksichtigung von nach T anfallenden Zahlungen ist dann möglich, wenn bereits zum Zeitpunkt t = 0 der auf den Planungshorizont bezogene Wert $W_T(x)$ aller nach T anfallenden Zahlungen bekannt ist. In diesem Fall ergibt sich der Ertragswert V zu

$$(5.2)\quad V = \sum_{t=1}^{T} c_t q_t + W_T(x) q_T.$$

Bei Erhaltung des Ertragswertes stehen am Planungshorizont liquide Mittel in Höhe von $V(1 + r_T) - W_T(x)$ zur Verfügung. Ersetzt man $e_T(x)$ durch $e_T(x) + W_T(x)$, so bleibt damit der gemäß 5.2 gegebene Ertragswert erhalten.

(5.3) Beispiel

Es gelten die Daten aus Beispiel 5.1 mit der Modifikation P2 : (-80, 20, 20, 53, 11). Der Kalkulationszins nach T betrage 10%.

Somit gilt:

$$W_T(x) = W_T(x_2) = 11 \cdot 1{,}1^{-1} x_2 = 10x_2.$$

Mit den in Beispiel 5.1 ermittelten endogenen Zinsfüßen folgt:

$$K = K_2 + K_3 + K_4 = 8{,}62 + 0{,}38 + 1{,}30 = 10{,}30.$$

Damit errechnet sich $\bar{V}$ zu $\bar{V} = b_0 + K = 60{,}30$.

Werden 6,03 GE in t = 1, sowie in t = 2 und t = 3 jeweils 2,41 GE konsumiert (Zur Realisation dieser Konsumauszahlungen werden P2, P3 und P4 durchgeführt. Daneben werden 10 GE in t = 0 aufgenommen und 2,97 GE in t = 1 bzw. 0,68 GE in t = 2 angelegt.), so verbleiben 50,30 GE in t = 3 an liquiden Mitteln. Wegen $50{,}30 + W_T(\bar{x}) = \bar{V}$ bleibt somit der Ertragswert erhalten.

5.2 Erschöpfbare Ressourcen

Für viele Rohstoffgewinnungsbetriebe und eine Reihe von (insbesondere erdölproduzierenden) Ländern stellen erschöpfbare Ressourcen die Haupteinkommensquelle dar. Wenn die jeweilige Ressource als Einkommensquelle erhalten bleiben soll, so ist zu klären, durch welche Abbbaupolitik die Einhaltung dieser Forderung sichergestellt werden kann.

Bezeichnet x_t die in t abgebaute Menge (t=0,...,T), so ergibt sich der Konsumplan $\mathbf{c} = (c_1,...,c_T)$ aus den mit der Abbaupolitik $\mathbf{x} := (x_0,...,x_T)$ erzielten Überschüssen $\mathbf{e}(\mathbf{x}) := (e_0(\mathbf{x}),...,e_T(\mathbf{x}))$ sowie aus den mit den übrigen Maßnahmen erzielten Überschüssen $\mathbf{h}(\mathbf{y}) := (h_0(\mathbf{y}),...,h_T(\mathbf{y}))$, wenn diese mit dem Aktivitätsniveau $\mathbf{y} := (y_1,...,y_m)$ durchgeführt werden. Mit $\mathbf{c}^0 := (0,\mathbf{c})$ gilt dann:

$$(5.4) \quad \mathbf{c}^0 = \mathbf{e}(\mathbf{x}) + \mathbf{h}(\mathbf{y}) + \mathbf{b}.$$

$\mathbf{e}(\mathbf{x})$ enthält die Kosten und Erlöse der Abbaupolitik $\mathbf{x}$. $\mathbf{h}(\mathbf{y})$ enthält die durch die Anlage überschüssiger Mittel oder die Aufnahme von Finanzmitteln verursachten Zins- und Tilgungszahlungen sowie $\mathbf{b}$ die entscheidungsunabhängigen Einzahlungsüberschüsse.

Bei Verfolgung der Abbaupolitk $\mathbf{x}$ darf die Kapazität K der Ressource nicht überschritten werden:

$$(5.5) \quad \mathbf{x} \in X := \{ \mathbf{x} \mid \sum_{t=0}^{T} x_t \leq K, \ \mathbf{0} \leq \mathbf{x} \}.$$

Für die übrigen Maßnahmen gelte:

$$(5.6) \quad \mathbf{y} \in Y := \{ \mathbf{y} \mid \mathbf{0} \leq \mathbf{y} \leq \mathbf{k} \}.$$

Als Anwendungsfall sei von folgender Entscheidungssituation ausgegangen:

1. $e_t(x_t) = (1 + \alpha)^t s_0 x_t$ (s_0, $\alpha > 0$ gegeben; $t=0,\dots,T$),

2.0 $h_0(y) = -y_0^A + y_0^B$,

2.t $h_t(y) = (1 + r_A)y_{t-1}^A - (1 + r_B)y_{t-1}^B - y_t^B + y_t^B$ ($t=1,\dots,T-1$),

2.T $h_T(y) = (1 + r_A)y_{T-1}^A - (1 + r_B)y_{T-1}^B$,

3. $b = (-A_0, 0, \dots, 0)$,

4. y_t^A, $y_t^B \geq 0$ $\quad$ ($t=0,\dots,T-1$).

Nach 1 steigen die pro Ressourceneinheit erzielten Überschüsse periodig um den Faktor $1 + \alpha$. Nach 2 und 4 können zu jedem Zeitpunkt t ($t=0,\dots,T-1$) Finanzmittel mit einperiodiger Laufzeit zum Zins r_A bzw. r_B in unbeschränkter Höhe angelegt bzw. aufgenommen werden. Nach 3 sind in $t = 0$ Erschließungskosten in Höhe von A_0 zu zahlen.

Es gilt (vgl. auch Hellwig/Kogelschatz 1982):

(5.7) Satz

Es existiert eine ertragswerterhaltende Lösung $(\bar{x}, \bar{c}, \bar{r}, \bar{V})$.

a) Im Fall $r_A \leq \alpha \leq r_B$ gilt:

$\bar{r}_t = \alpha$ ($t=1,\dots,T$), $\bar{V} = s_0 K - A_0$,

$\bar{y}_t^A = \bar{y}_t^B = 0$ $\quad$ ($t=0,\dots,T-1$),

$\bar{x}_0 = s_0^{-1} A_0$,

$\bar{x}_t = s_0^{-1} \alpha (1 + \alpha)^{-t} \bar{V}$ $\quad$ ($t=1,\dots,T-1$),

$\bar{x}_T = s_0^{-1} (1 + \alpha)^{1-T} \bar{V}$.

b) Im Fall $\alpha < r_A$ gilt:

$\bar{r}_t = r_A$ $\quad$ ($t=1,\dots,T$),

$\bar{V} = s_0 K - A_0$,

$\bar{y}_t^A = \bar{V}$, $\bar{y}_t^B = 0$ $\quad$ ($t=0,\dots,T-1$),

$\bar{x}_0 = K$, $\bar{x}_t = 0$ $\quad$ ($t=1,\dots,T$).

c) Im Fall $\alpha > r_B$ gilt:

$\bar{r}_t = r_B \quad (t=1,...,T)$,

$\bar{V} = Ks_0(1 + \alpha)^T(1 + r_B)^{-T} - A_0 \quad (t=0,...,T-1)$,

$\bar{x}_t = 0 \ (t=0,...,T-1), \ \bar{x}_T = K$.

Im Fall a) ist der Ressourcenabbau mindestens so vorteilhaft wie die Finanzmittelanlage oder -aufnahme. Der Ertragswert stimmt mit den Gegenwartswert der Ressource (s_0K) abzüglich der Erschliessungskosten überein und die Abbaumenge nimmt periodig um den Faktor $1 + \alpha$ ab.

Im Fall b) ist die Finanzmittelanlage vorteilhafter als der Ressourcenabbau. Daher wird bereits in $t = 0$ die gesamte Ressource abgebaut und der nach Abzug der Erschließungskosten verbleibende Überschuß angelegt.

Im Fall c) ist die Finanzmittelaufnahme vorteilhafter als der Ressourcenabbau. Daher wird die Ressource erst am Planungshorizont abgebaut und die Erschließungskosten sowie die Konsumauszahlungen durch entsprechende Finanzmittelaufnahmen finanziert.

Fragt man bei linearen Erlösfunktionen $e_t(x_t) = p_t x_t$ nach einer Preispolitik $\mathbf{p} = (p_0,...,p_T) > \mathbf{0}$, bei der (unter Vernachlässigung der Abbaukosten) die Ressource als Einkommensquelle erhalten bleibt ($p_0 > 0$ gegeben), so erhält man bei vollkommenem Kapitalmarkt ($r_A = r_B =: r$) mit den endogenen Zinsfüßen $r_t = r$ den Kapitalwert $(t=1,...T)$

$$K(\bar{q}) = \max_{\mathbf{x} \in \mathbf{X}} \{ \sum_{t=0}^{T} p_t x_t (1 + r)^{-t} \}.$$

Als Optimalitätsbedingung ergibt sich

$$p_t(1 + r)^{-t} = p_{t+1}(1 + r)^{-(t+1)} \qquad (t=0,...,T-1).$$

Damit gilt:

(5.8) $p_t(1 + r) = p_{t+1}$ $(t=0,\ldots,T-1)$.

5.8 entspricht der bekannten Hotelling-Regel (Hotelling 1931).

Ist umgekehrt die Preispolitik $p > 0$ gegeben, besteht keine Möglichkeit, Finanzmittel am Kapitalmarkt anzulegeh oder aufzunehmen und fordert man in allen Perioden einen positiven Konsum, so bleibt der Ertragswert nur dann erhalten, wenn gilt:

(5.9) $p_t(1 + \bar{r}_{t+1}) = p_{t+1}$ $(t=0,\ldots,T-1)$.

Als Ertragswert ergibt sich $\bar{V} = p_0K - A_0$. Ist der Ertragswert positiv, so ist die Erhaltung der Ressource als Einkommensquelle daher nur durch Preissteigerungen zu gewährleisten.

(5.10) <u>Beispiel</u>

$T = 2,\ A_0 = 100,\ K = 200,\ s_0 = 1,\ \alpha = 0{,}2,\ r_B = 0{,}1.$

Wegen $\alpha > r_B$ liegt Fall c von Satz 5.7 vor. Man erhält:

$\bar{V} = 1{,}2^2 \cdot 1{,}1^{-2} \cdot 200 - 100 = 138,$

$\bar{c}_1 = 0{,}1 \cdot 138 = 13{,}8,$

$\bar{c}_2 = 1{,}1 \cdot 138 = 151{,}8,$

$\bar{y}_0^B = 100,$

$\bar{y}_1^B = 123{,}8,$

$\bar{x}_2 = 200,\quad \bar{x}_1 = \bar{x}_0 = 0.$

5.3 Investitions- und Konsumplanung einer Volkswirtschaft

Im folgenden soll als weitere Anwendung des im vorigen Kapitel formulierten Modells die Frage geklärt werden, wieviel bei Erhaltung der Leistungsfähigkeit einer Volkswirtschaft höchstens konsumiert werden darf.

Bezeichnen Y_t, I_t und C_t das Bruttosozialprodukt, die Bruttoinvestition und den Konsum in Periode t, so ist zu klären, welche Teile des Bruttosozialproduktes jeweils investiert und konsumiert werden sollen:

(5.11) $Y_t = I_t + C_t \qquad (t=1,\dots,T).$

(Im Gegensatz zu den bisher behandelten Ansätzen ist zu beachten, daß t nun als Index für Periode t und nicht für den Zeitpunkt t aufgefaßt wird.)

Y_t ist von den vor t getätigten Investitionen abhängig. Es gelte:

(5.12) <u>Annahme</u>

$Y_t = F_t(I_{t-s},\dots,I_{t-1}) \qquad (t=1,\dots,T),$

$I_{1-s},\dots,I_0$ gegeben.

Mit $I := (I_1,\dots,I_T)$, $C := (C_1,\dots,C_T)$ soll gelten:

(5.13) $I \geq 0 \;,\; C \geq 0.$

<u>Bemerkungen</u>

1. Wegen der Endlichkeit des Planungszeitraumes sind Investitionen in Periode T nicht sinnvoll ($I_T \equiv 0$).
2. Wie in Abschnitt 5.1 beschrieben, können auch die Auswirkungen von vor dem Planungshorizont vorgenommenen Investitionen nach dem Planungshorizont im Modell berücksichtigt werden.

Für den Nachweis der Existenz einer ertragswerterhaltenden Lösung sind nach Satz 4.35 die Voraussetzungen 4.25 hinreichend. Im folgenden wird gezeigt, daß diese Voraussetzungen erfüllt sind, wenn gilt:

(5.14) Annahmen

1. F_t ist konkav $(t=1,\ldots,T)$,

2. $\frac{\delta Y_t}{\delta I_{t-1}} \geq 1, \quad \frac{\delta Y_t}{\delta I_{t-\tau}} \geq 0 \quad (t=2,\ldots,T;\ \tau=1,\ldots,s),$

3. $Y_1 > 0$.

Bemerkungen

1. Annahmen 5.14.1 und 5.14.2 müssen nur für $\mathbf{0} \leq \mathbf{I} \leq \mathbf{I}'$ erfüllt sein, wobei $\mathbf{I}'$ das unter Berücksichtigung von 5.11 bis 5.13 maximal realisierbare Investitionsprogramm kennzeichnet.

2. Durch die Annahmen 5.14 wird sichergestellt, daß der bei Erhaltung der Leistungsfähigkeit maximal mögliche Konsum nicht negativ ist.

Aufgrund der Annahmen existiert eine Lösung

$(\bar{\mathbf{I}},\bar{\mathbf{C}}) \gneq \mathbf{0} \quad \text{mit} \quad \bar{\mathbf{Y}} > \bar{\mathbf{I}} + \bar{\mathbf{C}} \qquad (\bar{\mathbf{Y}} := (\bar{Y}_1,\ldots,\bar{Y}_T))$.

Nach Satz 1.29 und Annahmen 5.14 existieren daher für jeden effizienten Konsumplan endogene Verrechnungspreise.

Das folgende Beispiel zeigt, daß hieraus nicht die Existenz endogener Zinsfüße für jeden effizienten Konsumplan folgt.

(5.15) Beispiel

$T=3,\ Y_1=9,\ F_t = 6\sqrt{I_{t-1}} \quad (t=2,3)$.

Es sei $(\mathbf{I}',\mathbf{C}')$ eine optimale Lösung von

$\max \{ C_2 \mid C_t = F_t - I_t ;\ I_t, C_t \geq 0 \quad (t=1,2,3) \}$.

Es gilt: $C_1' = C_3' = 0,\ C_2' = 18,\ I_1' = 9,\ I_2' = I_3' = 0$.

> C' ist ein effizienter Konsumplan. Für diesen ergeben sich die endogenen Verrechnungspreise $u_1 = 1$, $u_2 = 1$, $u_3 = 0$. Wegen $u_3 = 0$ existiert für die dritte Periode kein endogener Zins.

Um die Existenz endogener Zinsfüße sicherzustellen, werden die Bedingungen 5.11 durch die Einführung "künstlicher Variablen" $\bar{x} := (\bar{x}_1,...,\bar{x}_{T-1})$, $\bar{y} := (\bar{y}_1,...,\bar{y}_{T-1})$ wie folgt modifiziert:

$$Y_1 = I_1 + C_1 + x_1 - y_1,$$

$$(5.16) \quad Y_t = I_t + C_t + x_t - y_t - q_A x_{t-1} + q_B y_{t-1} \quad (t=2,...,T-1),$$

$$Y_T = I_T + C_T - q_A x_{T-1} + q_B y_{T-1}.$$

Für die Variablen x_t, y_t wird gefordert:

$$(5.17) \quad x_t,\ y_t \geq 0 \qquad (t=1,...,T-1).$$

q_A und q_B müssen so gewählt werden, daß für die Zulässigkeitsbedingungen 5.16, 5.12, 5.13 und 5.17 eine ertragswerterhaltende Lösung $(\bar{I},\bar{C},\bar{x},\bar{y},\bar{r},\bar{V})$ mit $\bar{x} = \bar{y} = 0$ existiert. Damit ist sichergestellt, daß $(\bar{I},\bar{C},\bar{r},\bar{V})$ eine ertragswerterhaltende Lösung für die Zulässigkeitsbedingungen 5.11, 5.12 und 5.13 ist.

Dabei ermittelt man q_A wie folgt:

Die geringsten Grenzrenditen für 5.11, 5.12 und 5.13 ergeben sich aufgrund der Konkavität der Funktionen F_t aus dem maximal realisierbaren Investitionsprogramm I'. I' ist optimale Lösung von

$$(5.18) \quad C'_T := \max_{I,C\geq 0} \{ C_T \mid F_t = I_t + C_t \quad (t=1,...,T) \}.$$

Für 5.18 ergeben sich die Projektwerte

$$(5.19) \quad PW_t := \max_{I_t\geq 0} \{ - I_t u_t + \sum_{\tau=t+1}^{t+s} F_\tau u_\tau \} \quad (t=1,...,T).$$

Aufgrund der Annahmen 5.14 gilt $I_t' > 0$ (t=1,...,T-1) und $C_T' > 0$. Hieraus folgt $u_T = 1$ für jeden Verrechnungspreisvektor u (vgl. Abschnitt 2.1).

Für t = T - 1 erhält man aus 5.19 die Optimalitätsbedingung

$$- u_{T-1} + \frac{\delta F_T}{\delta I_{T-1}'} = 0 .$$

Wegen Annahme 5.14.2 folgt hieraus $u_{T-1} \geq 1$.

Für t = T-2 ergibt sich aus 5.19 die Optimalitätsbedingung

$$-u_{T-2} + \frac{\delta F_{T-1}}{\delta I_{T-2}'} u_{T-1} + \frac{\delta F_T}{\delta I_{T-2}'} = 0.$$

Wegen Annahme 5.14.2 folgt $u_{T-2} \geq u_{T-1} \geq 1$.

Allgemein ergibt sich $u_1 \geq u_2 \geq \ldots \geq u_{T-1} \geq 1$.

Die Grenzrenditen von 5.18 sind daher nicht kleiner als 1.

Daher sind auch die Grenzrenditen aller effizienten Konsumpläne nicht kleiner als 1 und somit im Falle $0 < q_A < 1$ die Investition I_t stets vorteilhafter als die Investition x_t (t=1,...,T-1).

Eine geeignete Festlegung von q_B läßt sich wie folgt bestimmen:

Es sei $C_t^*(q_B)$ für fest gewähltes $q_A = \bar{q}_A$ mit $0 < \bar{q}_A < 1$ der in Periode t in Abhängigkeit von q_B maximal realisierbare Konsum, d.h. es gelte für t = 1,...,T :

$$\textbf{(5.20)} \quad C_t^*(q_B) = \max_{I,C\geq 0} \{C_t \mid 5.16,\ 5.17,\ q_A = \bar{q}_A \}.$$

Ferner sei q_B^* der kleinste Wert für q_B, so daß 5.20 für t = T eine endliche Optimallösung besitzt. Dann gilt für alle $q_B \geq q_B^*$ und t = 1,...,T-1 :

$$C_t^*(q_B) \leq C_T^*(q_B) \leq C_T^*(q_B^*).$$

Bei Ertragswerterhaltung für die Zulässigkeitsbedingungen 5.16, 5.12, 5.13 und 5.17 gilt:

$\bar{C}_t = \bar{r}_t \bar{V}$ (t=1,...,T-1), $\bar{C}_T = (1 + \bar{r}_T)\bar{V}$.

Wegen $C_T^*(q_B^*) \geq \bar{C}_t$ (t=1,...,T) und $\bar{V} \geq Y_1$ folgt:

$C_T^*(q_B^*) \geq \bar{r}_t Y_1$ (t=1,...,T-1), $C_T^*(q_B^*) \geq (1 + \bar{r}_T)Y_1$.

Somit sind $r_t^* := C_T^*(q_B^*)/Y_1$ (t=1,...,T-1), $r_T^* := C_T^*(q_B^*)/Y_1 - 1$ Obergrenzen für die endogenen Zinsfüße bei Ertragswerterhaltung.

Für $\bar{q}_A$ und $\bar{q}_B$ mit $\bar{q}_B - 1 > C_T^*(q_B^*)/Y_1$ folgt hieraus $\bar{x} = \bar{y} = 0$ für jede mit den Zulässigkeitsbedingungen 5.16, 5.12, 5.13 und 5.17 abgeleitete ertragswerterhaltende Lösung. Die Existenz einer ertragswerterhaltenden Lösung für die Zulässigkeitsbedingungen 5.11, 5.12 und 5.13 ist damit sichergestellt, sofern eine ertragswerterhaltende Lösung für die Zulässigkeitsbedingungen 5.16, 5.12, 5.13 und 5.17 existiert. Für diese sind offenbar die Voraussetzungen 4.25 erfüllt. Daher gilt:

(5.21) Satz

Für die Zulässigkeitsbedingungen 5.11, 5.12, 5.13 existiert unter den Annahmen 5.14 eine ertragswerterhaltende Lösung.

In dem folgenden Spezialfall läßt sich eine ertragwerterhaltende Lösung konstruktiv ermitteln. Es gelte:

(5.22) Annahmen

1. $Y_t = F_t(I_{t-1})$ (I_0 gegeben),
2. $F_1'(I_0) > 1$,
3. $F_t'(I_{t-1}) \geq 1$ (t=2,...,T-1),
4. $F_t''(I_{t-1}) \leq 0$.

Berücksichtigt man, daß $F'_t(I_{t-1})$ die Grenzrendite in Periode t (t=1,...,T) ist, so ist jede Lösung $(\bar{I},\bar{C},\bar{r},\bar{V}_1,\bar{V}_2)$ mit

$$\bar{r}_t = F'_t(\bar{I}_{t-1}) - 1 \quad (t=1,...,T)$$

sowie

$$\bar{C}_t = (F'_t(\bar{I}_{t-1}) - 1)\bar{V}_1 \quad (t=1,...,T-1), \quad \bar{C}_T = F'_T(\bar{I}_{T-1})\bar{V}_2$$

des Gleichungssystems

(5.23.t) $(F'_t(I_{t-1}) - 1)V_1 = -I_t + F_t(I_{t-1}) \quad (t=1,...,T-1),$

(5.23.T) $F'_T(I_{T-1})V_2 = F_T(I_{T-1}).$

mit $\bar{V}_1 = \bar{V}_2$ eine ertragswerterhaltende Lösung.

Die Existenz und Eindeutigkeit einer derartigen Lösung läßt sich konstruktiv wie folgt nachweisen:

Aus 5.23.1 folgt wegen $F'_1(I_0) - 1 > 0$, daß $V_1 = V_1(I_1)$ streng monoton stetig fällt. Daher ist $(F'_2(I_1) - 1)V_1$ eine monoton fallende Funktion von I_1. Da $F_2(I_1)$ streng monoton wächst, folgt hieraus mit 5.23.2, daß auch $I_2 = F_2(I_1) - (F'_2(I_1) - 1)V_1$ streng monoton mit I_1 wächst.

Allgemein ergibt sich mit 5.23.t für t=2,...,T-1, daß

$$I_t = F_t(I_{t-1}) - (F'_t(I_{t-1}) - 1)V_1$$

und damit nach 5.23.T auch V_2 streng monoton wachsende und (wegen der Stetigkeit der in 5.23 auftretenden Funktionen) stetige Funktionen von I_1 sind.

Weiter erkennt man:
Es gibt Lösungen $(I^*,V_1^*,V_2^*) \geq \mathbf{0}$ und $(I^{**},V_1^{**},V_2^{**}) \geq \mathbf{0}$ von 5.23 mit $V_1^* = 0$, $V_2^* > 0$ sowie $V_1^{**} > 0$, $V_2^{**} = 0$. Damit gilt:

(5.24) Satz

Unter den Annahmen 5.22 existiert genau eine ertragswerterhaltende Lösung.

Literatur

Coenenberg, A.G.: Jahresabschluß und Jahresabschlußanalyse. 9. Aufl., München 1987.

Hax, H.: Investitions- und Finanzplanung mit Hilfe der linearen Programmierung. Zeitschrift für betriebswirtschaftliche Forschung 16 (1964b), 430 - 446.

Hellwig, K.: Erfolgskapitalerhaltung bei unvollkommenem Kapitalmarkt. Zeitschrift für Betriebswirtschaft 50 (1980), 1189 - 1200.

Hellwig, K.: Einkommensmaximierung bei Erhaltung der finanziellen Leistungsfähigkeit. Zeitschrift für betriebswirtschaftliche Forschung 32 (1980), 41 - 49.

Hellwig, K. und Kogelschatz, H.: Resource Extraction under Alternative Investment and Financing Opportunities. In: Eichhorn, W. et al. (Hrsg.) Economic Theory of Natural Resources. Würzburg Wien 1982, 40 - 46.

Hotelling, H.: The Economics of Exhaustible Resources. Journal of Political Economy 39 (1931), 137 - 175.